動画をよくする4つの方法

JN062034

まずはここから!

1 場当たりでは、うまくいかない

卒業式をはじめ、多くのイベントには、ある程度型にはまった段取りがあります。

重要なショットを予測しておくと……

……それを記録できる可能性がずっと高まります。

2 ストーリーを知る

冒頭：明快な冒頭で、ストーリーに引き込みます。

中間……

……結末。

3 ショット単位で考える

ストーリーを語るには……

……短いショットを使います。

短い4つのショットで……

散歩に行きたいワンちゃんのストーリーが伝わります。

4 照明を考える

被写体に背後から光が当たると、シルエットになります。

照明が足りないと、はっきりしない画像になります。

適切なライティング。
たっぷりとした光が被写体を照らしています。

映画監督が教える
また観たい！と思わせる
動画の法則

HOW TO SHOOT VIDEO
THAT DOESN'T SUCK

スティーヴ・ストックマン 著

Born Digital, Inc.

本書をデビーに捧げます。
彼女には、銅像を建てて感謝を表しても足りないほどです。

謝 辞

執筆は、映画の撮影よりも孤独な作業だろうと思い込んでいました。しかし、それは私がよくやる思い違いの１つでした。本も、大勢の人の協力によって、できあがるものです。

家族に感謝を。デビー、サラ、マシュー、私のわがままに付き合ってくれて、本文の例になってくれてありがとう。

この11年間、Summer Stars Camp for the Performing Arts に参加してくれた教え子たちに感謝します。動画カリキュラムの基礎が固まったのは、彼らのおかげです。キャンプディレクターのドナ・ミラニ・ルターにも感謝しています。あなたの励ましがなかったら、私が教えることもなかったでしょう。Summer Stars は、経済的に恵まれない子供たちに対して舞台芸術での成功を支援する、非営利のキャンプです。寄付のお申し込みは www.summerstars.org で受け付けています。

ありがとう、ボブ・リバース。本書のきっかけになったのは、あなたとの会話でした。そしてスティーヴ・ゴールドシュタインにも感謝しています。私が電話で「How to Shoot Like a Hollywood Director」というタイトルで本を書こうとしていると話すと、「そいつはいいね、ハリウッドのやつら、もっと面白い動画を撮ってくれたいいのに！(they could shoot video that doesn't suck!)」と、彼のラジオ局のスタッフが言っていたと教えてくれたのは大きいヒントになりました。心のこもったアドバイスをくれ、ずっと支えてくれたジェイ・ローズ、スティーヴ・マルクス、ジョン・マリアス、アンディ・グッドマン、テリー・マクナリー、スティーヴ・ボーンスタインにも心から感謝しています。

Workman（英語版の出版社）に私が一息つける場所を手配してくれたエージェントのリサ・ディモナ、そこに暖かいラグとオットマンを置いてくれた編集者のマーゴット・エレーラ、ありがとう（ひどいたとえ話を変えたくてたまらないでしょうが、これを読んでいるとすれば、そうしなかったということですね）。それから Workman のウォルター・ウェンツ、ジェシカ・ウェイナー、イン・ウォンのサポートに感謝します。新しいご近所さんから手作りクッキーをもらったような、温かい気持ちになれました（たとえが行きすぎのようですね。この辺にしておきます）。

最後に、私がこれまでお世話になった素晴らしい先生たちに感謝します。
あなた方の教えを少しは次の世代に残せていれば幸いです。

もくじ

PART 1
監督のように考える

PART 2
準備：プロの秘密

PART 3
ステージを設定する

PART 4
また観たい！と思わせる動画を撮る

PART 5
ジャンルごとの撮影方法

PART 6
撮影の後

PART 7
まとめる

付 録

はじめにお読みください

撮影機材について

本書では、機材については説明しません。

動画は、料理に似ています。バーベキューチキンを考えてみましょう。レシピが良ければ、どんなに安いグリルでも美味しく焼けます。レシピが悪ければ、最高級のキッチン設備を使って串焼きにしても、食べられたものではありません。動画も同じこと。携帯電話で素晴らしい映像が撮れることもあれば、一日あたり 1,000 万円もの費用をセットにかけ、最高級のパナビジョンで撮影しても、使いものにならない映像しか撮れないこともあります。

本書は、使用するカメラの種類、コンピューターへの接続方法、画像の解像度などには触れません。説明するのは、素材にどう向き合うかと、それをまとめる方法です。

用語について

ホームビデオが普及してからは、「フィルム」と「デジタル」のどちらで撮影した画像も、区別なく呼ばれてきました。HD のビデオカメラでチップに記録しても、セルロイドのフィルムを使っても、同じように「お母さんの誕生会を撮影しています」と言うだけです。あるいは、「ビデオを借りよう」とも言いますね。しかし、実際に借りるのはフィルムで撮影された、劇場用映画 2 時間分のデジタルファイルが記録された DVD かも知れません。

そして 2010 年代になると、混乱はさらに深まります。劇場で観る映画の多くはデジタルで撮影され、フィルムに変換されて映写されるようになりました。皆さんが好んで観る TV 番組は、フィルムで撮影され、デジタル化されてポストプロダクションで処理され、デジタル放送用にファイルとして出力されている可能性もあります。現在は、デジタルで撮影され、デジタルで上映・放送されている TV 番組や映画が大半です。そして、皆さんが目にするコマーシャルは、すべてがコンピューター上で制作され、実写撮影は一切していない場合があります。

このようなことを区別しても意味はないでしょう。本書では「フィルム」「ビデオ」「動画」といった言葉をその時々の文脈に応じて使い、厳密な用語とは考えません。皆さんもそうしてください。

「いいね!」の
反対は「オフ」

素晴らしい動画は、強烈な印象を与える、コミュニケーションツールです。歴史を変え、社会運動を喚起し、感情を共有あるいは増幅させ、コミュニティを形成する力があります。

　　　できの悪い動画は、即座にオフ（停止）です。

できの悪い動画など誰も観ません。観るようにと社長命令があったとしても、「最高に可愛い」孫の動画を祖父母に送ったとしても、同じです。

あなたが撮ったひどい動画と、いかにも面白そうな動画があるとしましょう。選べるとしたら、それもボタンやマウスをクリックするだけだとしたら、普通の人なら誰もあなたの動画は選びません。「これ観てよ。絶対に面白いから!」と、目の前で頼めば別かも知れません。そして本心を隠し、絞り出すような声でこんなふうに言うことでしょう。「ああ、勧めてくれてありがとう。素晴らしいよ」と。真面目な話、動画のリンクを送ったとしたら、20秒も再生されないはずです。現実を見ましょう。あなただって、つまらない動画は観ないはずです。

「これを観て!」と、目の前に立って頼まない限り、できの悪い動画を好んで観る人などいません。

ソコソコの動画ですら、見込み薄です。世間には**素晴らしい**動画があふれています。ハリウッドからボリウッドまで、完璧なテクニックで作り込んだ、楽しめる作品がプロの手によって次々に創り出されています。YouTubeについて言えば、再生回数の多い動画は、数十億本もある中で、特に優れた一握りだけです。そんな

1

膨大な山の頂上まで浮上してくる動画は、相当なできでなくてはなりません。

だから、「いいね!」の反対は「オフ」なのです。

「いい」動画でなければ、ないのと同じことです。制作に要した努力（そして時間と費用）も同じこと。人知れず倒れる木のように、ひっそりと消えていくのです。聞こえるのは、「誰も観てくれない」という、自分の泣き言だけです。したがって、動画制作で最優先すべき原則は、「ひどい動画を作らない」ことです。高額の報酬をとるハリウッドの監督と同じです。最も重要なのは、視聴者を楽しませることなのです。

「でも……でも……でも……」ええ、皆さんの声は私に届いていますよ。こう言いたいんでしょう? **でも**、「アイデアを伝えたいんだ」「従業員の教育用ですよ」「事業の宣伝だから」「娘の誕生会は別だろう?」「**理由**があってこの動画を作っているんだ。**楽しませる**ためだけじゃないぞ!」

> 「いい」動画でなければ、ないのと同じことです。制作に要した努力（そして時間と費用）も同じこと。人知れず倒れる木のように、ひっそりと消えていくのです。聞こえるのは、「誰も観てくれない」という、自分の泣き言だけです。

もちろん、動画を撮る理由はそれぞれでしょう。たとえば映画なら、物語やテーマへの情熱から生まれます。娘の誕生会を撮影するのは、娘を愛していて、幼いころの様子記録を残したいからです。スピーチを録画するのは、演説者に心を動かされるからです。Web動画でスタンプの作り方を説明するのは、それに情熱をかけているからです。職場の面白動画を企画するのは、チームの団結力を高めるためです。車椅子マラソンに出場した友人を撮影するのは、励ましたいからです。100歳のおばあちゃんにインタビューするのは、彼女を記憶にとどめておきたいからです。

これらはすべて、動画プロジェクトを「開始する」理由です。しかし、いったん開始したら、ある時点からは視聴者のことを考えるべきです。視聴者の興味を引き、導き、共感を得る必要があります。途中で飽きて停止ボタンを押されてしまうつまらない動画なら、ない方がずっとましです。

誰も観ないなら、誰かを励ますことはできません。情報を提供したり、チームの団結力を高めたり、情熱を共有する機会もないわけです。事実、やる気をそいでいる可能性もあります。証拠を見せろって？　アップロードされてしばらく経つのに、再生回数が 100 回に満たない YouTube 動画をチェックしましょう。例外なく、ひどい動画です。はじめるきっかけは情熱でしょうが、その後のやり方がまずいのです。家族や友人が義理で観るだけ。もしかしたら、彼らも観ていないかも。皆さんは、自分の動画がそうなってほしくはないはずです。

幸いなことに、感動、成功、郷愁、ユーモア、情熱を語るストーリーは人を引き付けます。ひどい動画で、視聴者にそっぽを向かせない限りは！何かに心を動かされた？　スタートとしては最高です。その感動を伝えるには、ストーリーを上手に語る必要があります。観る人を楽しませましょう。

第二言語としての動画

動画は新しい言語です。ほとんどの人はまだ、読み書きができません。動画の内容が理解できないわけではありません。映画、TV 番組、YouTube を観て何年も過ごしています。カメラアングルで画像が変わることくらい、知っています。はっきりとは意識しないにしても、アングルが示す意味は伝わるものです。ストーリーがどう進行していくかも知っています。男の子と女の子が出会ったり、モンスターが飛び出してきたりして、物語がはじまるのです。

私たちは、これまで地球上に存在したどの人間よりも、動画をよく**理解**できます。ただし、ほとんどの人が流ちょうに**話せない**のです。

思いどおりの動画を作る方法を学ぶのは、第二言語でのスピーキングの学習に似ています。どう話すだけでなく、自分が言ったことがほかの人にどう受け止められるかを理解しなくてはなりません。フランス語を知らずにフランスに旅行して、「今夜のデザートは何ですか？」と、ウェイターに尋ねたりはしないでしょう？　相手には「服がヘンテコなのはなぜですか？」と聞こえている可能性もあります。

動画の言語では、カメラアングルやカメラの動きに意味があります。それに 100 歳の大叔母へのインタビュー動画を再生して、あっと驚きたくはないはずです。彼女を窓際に座らせ、手持ちカメラで撮影するあなたを見上げるようにして撮ったら、恐ろしい連続殺人犯に見えます。

高性能の機材さえあれば、どうにかなると考える人もいます。確かに、最先端のカメラは、歴史上のどんなビデオカメラよりも多くの機能が搭載され、優秀です。しかし、コンピューターと同じで、ビデオカメラは道具です。ストーリーテラーではありません。カメラが話すのは、あなたが話す動画の言語です。

ビデオカメラの使い方を知っているだけでは、映画制作者になれません。外科用メスで何かを切れるからといって、脳外科医にはなれませんよね。コンピューター業界では PowerPoint 革命が起き、DTP 革命が起きました。成果物を作るには、優秀なコンピューターだけでは足りなかったわけです。機材にばかり凝って、それを使って何をするかを考えない人がいます。ケーブルや解像度、コンピューターソフトウェアに気をとられ、視聴者が観たくなる動画をどう作るかに考えが至らないのです。

ここで良いお知らせです。皆さんはすでに、動画の言語を理解しています。動画の言語を学ぶのに必要なのは、気付き、ちょっと頭を巡らせること、そしていくらかの実践です。そしてもっと良いお知らせがあります。私たちがコミュニケーションする相手は、私たちと似たような人たちです。**自分**が本当に好きな動画を作れば、視聴者もそれを好む可能性が高いのです。

私は正真正銘のハリウッドの監督として（そこまで感動しないでください。私が住むロサンゼルスには「犬も歩けば監督にあたる」ほど、たくさんいます）、ろくでもない動画をたくさん観てきました。友人は、もっと良くするにはどうすべきかと、コメントを求めて動画を送ってきます。いくつかの企業にコンサルタントとして雇われ、誰かが撮影した動画を観て、アドバイスしたこともあります。より良い動画の作り方をこれまでに何百人にも教えてきました。今回は、あなたに教えます。

日常をとらえた動画も面白く

あなたと友人3人は、スーパーボウルのチケットを持っています。試合当日の朝。友人にカメラを向けたあなたは、ちょっと格好つけてこう言います。「よぉ、ジェリー! スーパーボウルに行くんだってな!」3本目のビールを手にしたジェリーは、「よぉ!」と笑って答えます。そしてカメラに向かって拳を突き出し、拳を突き合わせるしぐさをします。

おめでとう。1950年代のホームビデオの現代版が撮れました。1950年当時は、「目を細め、カメラに向かって手を振る」が、定番のジェスチャーでした。ほら、8mmの手巻き式フィルムカメラに向かってベティおばさんがこちらに歩いて来る、お馴染みのあれです。カメラの上に取り付けた、びっくりするほどまぶしいライトに目を細め、歯を見せてにっこり笑い、10年間ぶりに自分以外の人間に会ったと言わんばかりに手を振るビデオを観たことはありませんか?

当時は、フィルムに記録すること、スクリーンで自分の姿を見られること自体が、驚きでした。1954年のステートフェアで、「未来の生活」パビリオンのGE社の展示を目にしたときと同じ類の驚きです。フィルムに記録されること自体が、十分な楽しみだったわけです。

ビデオに姿が映ったというだけで十分に胸が躍る時代は、遠い過去の話です。文化は成熟し、電気店のショーウィンドウのモニターに自分が映っているからと言って、「ほら、映ってるよ! あそこ、あそこだよ!」とうろうろする時代は卒業しました。監視カメラからモニターに映像が送られていても、驚きはしません。モニターの前をとおり過ぎるのも、鏡の前を通るのと同じで、ちらっと目をやるだけです。

動画に撮られるのは日常です。エレベーターにだってカメラが設置されています。友人がスマートフォンを取り出して撮影し始めても、驚きません。ただし、自分たちが映っている動画には、まだ注意を引く効果があります。その興味も、動画がつまらなければ、昔のようには長続きしません。

皆さんが、いろいろなイベントで動画を撮るのが好きなタイプなら、「はい、カメラを見て!手を振ってください!」スタイルの撮影は卒業しましょう。自分自身に問いかけましょう。それ、本当に面白いですか?

あなたがカメラを向けた相手が「こちらを見て、手を振る」以上のことをしないなら、短くしましょう。ジェリーが「よぉ!」と言おうとしていると気付いたら、その瞬間に、「停止」ボタンを押すことを習慣にします。

本書の使い方

本書では、動画によるコミュニケーションについて考えていきます。このとき
に大切なのは、視聴者のリアクション（反応）を忘れないことです。ストー
リーを念頭に置いて動画を計画し、撮影し、編集する方法、そして、1つ
ひとつの小さい選択が最終的におよぼす影響を学びます。

すべての章は短く、章ごとに1つのコンセプトだけに注目しています。
本書はどこから開いてもかまいません。動画の品質をがらりと変えるアイ
デアが1つ見つかります。ともかく試しましょう。経験を積むほど上達し
ます。気になるところをつまみ読みしてもかまいませんが、最初から最後
まで読み通すことをお勧めします。読み終えたら、動画制作者養成コース
を修了したことになります。

読むことと、実行することは別物です。ほとんどの章には「TRY THIS
（試してみよう）」のセクションがあります。次に撮影する時に役立つ
ヒントや、試してほしいことが書いてあります。また、追加の情報や動
画はWebサイトでも紹介しています。www.
stevestockman.com（英語）をご覧ください。
ここには質問の書き込みができます。いただいた
質問には、ブログで答えます。ビデオグラファー
仲間からの書き込みも参考になるはずです。

**素晴らしい動画を作るのは、芸術で
もあり、技術でもあります。始めたば
かりなら、たいした動画はできません。
覚えておきましょう。私もそうでした。
スティーヴン・スピルバーグだって、
そうに違いありません。**

素晴らしい動画を作るのは、芸術でもあり、技術
でもあります。ともかく試しましょう。経験を
積むほど上達します。始めたばかりなら、たいし
た動画はできません。覚えておきましょう。私も
そうでした。スティーヴン・スピルバーグだってそうに違いありません。
少し本を読みましょう。そして少し練習すれば、それ以降、ひどい動画
を作ることはなくなります。

本書に書かれて「いない」こと

本書は、機材については説明していません。カメラやコンピューターの
仕組みも説明していません。走査線の仕組み、1080i や 1080p の意味、
ディスクドライブやテープ、ソニーとパナソニック、Final Cut や Avid
なども説明していません。技術的な知識は、動画制作に必須ではない
からです。この本で説明することに、専門用語や専門の機材は不要で、
コンピューターの使い方を知らなくても問題はありません。

市販されているビデオカメラのほとんどで、映画クルーの仕事をひと通り
行えます。照明、音声、ピント合わせ、カメラワーク、それに編集まで。
本書では、読者がカメラを所有しており、録画および録音の方法を知っ
ているものと仮定しています。ハンディカム、携帯電話、ハイエンドの
HD ビデオカメラなど、機材は問いません。また、必要なら多少の編集
ができるものと仮定しています（おかしい部分を削除できること!）。

優れた動画は、機材ではなく、人を考えることから生まれます。この本
を読んだ後は、動画には**どのような働きがあるか**に興味がわくはずです。
どんなストーリーを伝える？ どうやって視聴者に訴えかける？ 視聴者を
引き付け、記憶に残る体験にするためには？

エフェクト付きで撮影する方法など、学ぶ必要はありません。必要なのは、
楽しく観てもらえる動画の作り方を学ぶことです。

今すぐ動画が面白くなる12の簡単な方法

今すぐに撮影に入ろうとしていて、本書を読み通す時間がなければ、この12のヒントをお読みください。読むだけで、動画は即座に向上します。詳しくは、各トピックを説明している章に書いてあります。バケーションで動画を撮りたいとき、企業の宣伝動画など、特別な用途の動画については157ページ以降にまとめてあります。

1. ショットで考える。

先月、子どもたちが出るチェロの発表会に行くと、近くに男性が座っていました。彼は、三脚に設置したカメラを自分の前に置き、演奏が始まると、録画ボタンを押しました。それから45分間、チェロ奏者たちにカメラをまっすぐに向け、右へ左へと、ずっと動かしていました。ソロでも、アンサンブルでも、演奏者が座る場所を変えたり、来場者の拍手を受けているときでもずっと、右へ、左へと動かしています。この撮り方には問題があります。そして、視聴者は間違いなく映像酔いするでしょう。

コンサート会場に実際に足を運べば、好きな場所を自由に見られます。演奏を聴きに来ている人たちを見たり、天井の彫刻を見上げることもできます。プログラムを読んだり、こっそり持ち込んだ**スポーツ雑誌**を読んだり、真っ暗になる前には奥さんに気付かれないようにiPhoneの画面を見ることだってあるかも知れません。つまり、コンサート会場は、視覚的な刺激にあふれているのです。

ところが動画はどうでしょう。視聴者の目には、写した場所しか見えません。同じものを長いこと映していたり、映像の焦点が**自分**が見たいものと違っていると、飽きてしまいます。スーパーボウルに 27 台ものカメラを使っているのは、これが理由です。数秒ごとに、「ハイッ!」、別のショットに切り替わります。そして、伝える情報もショットごとに違います。スナップ、ボールを持つプレイヤー、右から入ってくるディフェンダー、パスを出そうと後退するクォーターバック、そしてファーストダウンライン上でボールをキャッチするワイドレシーバーと、次々に**切り替わっていきます**。ショットごとにポイントが 1 つあり、それをつないでいく(カットする)ことで、視聴者を飽きさせることなく多くの情報を提供します。

今後は、ショット単位で考えましょう。撮影には意図をもって臨みます。カメラを向けるたびに考えましょう。誰にカメラを向けている? 被写体は何をしている? それは見ていて楽しい? そうでないならいったん録画をやめ、別の対象を探して撮影します。カメラをノンストップで回し続ける必要はないのです。後で編集するつもりだとしても、良くない習慣です。アイデアのない、使えないフッテージ(映像)を山ほど観て、時間を無駄にすることになるだけです。

詳細は、「ショット単位で考える」(41 ページ)をお読みください。

2. 被写体の白目が見えてから撮る。

映画館の大画面なら、雄大な景観に心をうたれることでしょう。旧西部の荒野に点在するサボテンとさすらいのカウボーイ。まるで自分が真空の空間を漂っているように思えてくる、星や惑星のパノラマ。こうした驚嘆すべき景観は、IMAX でなら最高に映えます。52 インチのプラズマスクリーンでも楽しめます。しかし携帯の画面では、小さいピンぼけのゴミにしか見えません。

ワイドショットの広い画は、せいぜい 1 〜 2 秒程度にしましょう。それで十分です。私たちがこの地球上で撮る限り、どちらにしろ、人を撮ることになります。人は、伝えたいことの半分を言葉、もう半分を目で表現します。目が見えないと、メッセージの半分が伝わりません。

ニュースに出てくる胡散臭い弁護士を想像してください。「依頼人は無実だ」と口では主張していても、何となくそう思っていないように感じられることがあります。目がそう言っているのです。ドラマで、「ええ、もちろん。愛しているわ」と言っても、視聴者と主人公には、彼女の心とはうらはらのセリフだと分かります。同じく、

短いショットをつないだサッカーの試合

サイドライン脇で観戦する両親。カット。

娘とドロップボールする審判。カット。

娘のファインプレーのショット。

目が語っているのです。TV 番組でクロースアップが多用されるのは、これが理由です（Web 動画なら、もっと高い頻度でしょう）。

人のコミュニケーションの半分以上は、わずかな表情の変化です。カメラが遠いと、その変化が見えません。被写体の白目がはっきり見えるくらいまで近付くと、皆さんの動画の質は、それだけで即座に 200 パーセント向上します。

詳細は、このヒントと同じタイトル「被写体の白目が見えてから撮る」（109 ページ）をお読みください。

3. ショットは 10 秒以内。

素晴らしい動画、映画、TV 番組を観たら分かるはずです。意図的にそうしている特別な例を除いて、10 秒を超えるショットはありません。ほとんどのショットは 10 秒よりずっと短いはずです。短いショットは、現代の撮影言語の一部です。

ショットを短くすると、動画の印象が強くなります。娘のサッカーの試合を次に撮る時には、カメラを録画モードで撮りっぱなしにせずに、カットでつなぎましょう。試合を観戦している保護者たちのグループショット。カット。フィールドに入っていくチーム。カット。ドロップボールする審判とあなたの娘。カット。プレーしている娘の短いショット。カット。こんな調子で、あと 20 ショット続けます。

20 年後に彼女の結婚式でこの動画を再生するとき、単調にだらだらと続くショットよりも、短いショットを集めた 3 分間の方が、時間や場所をより詳しく、豊かに思い起こさせるはずです。

撮影時にショットを短くすることについては「いつでもショットは短く」(105 ページ)を参照してください。編集については、「編集 101」(196 ページ)をお読みください。

4. 足を使ってズームする。

テレビ局の野球中継は、野球場のあちこちに設置したカメラで試合の模様を撮影します。カメラには巨大なレンズが付いていて、ホームベースのずっと上から、ピッチャーの鼻筋を写すことができます。素晴らしい画です。このようなロングズームのカメラはすべて、現代の技術を駆使した最も滑らかなボールベアリングとギアによって、巨大な雲台に取り付けられています。というのも、巨大なズームレンズが付いたカメラが少しでもガタつけば、まるで地震が起きたように見えるからです。カメラがしっかりボルト留めされていないと、試合は見るに耐えないブレた映像になります。

撮影距離に応じて画角が広がることを複雑な図で解説することもできますが、今すぐに知って欲しいのは、そんなことではなく、10 倍ズームすると 10 倍ブレることです。

カメラがブレないように、手持ちせずに三脚に載せる方法もあります。しかし、動画をもっとよくするには、カメラのズームをやめることです。

最高のクロースアップを撮るなら、レンズを広角(ズームなし)にし、実際に被写体に近付きます。ズームレンズを広角端で使っている限り、小さいブレならほとんど目につきません。

「デジタルズーム」についての注意:**絶 対 に 使 わ な い!!** いわゆるデジタルズームで、通常のカメラレンズで写す以上の情報は記録できません。カメラに搭載されたコンピューターチップが単に写真を引き伸ばすのです。もちろん画質は悪くなります。大きく伸ばすほど、見栄えは悪くなる一方です。

詳しくは、「足を使ってズームする」(107 ページ)をお読みください。

5. 静かにじっと！ そわそわしない！
　ショット中にズームしない！

プロはカメラを動かします。プロになったら、あるいは十分練習を重ねて「熟練の
アマチュア」レベルになったら、カメラを動かしましょう。

それまでは、ビデオカメラをスチルカメラのように扱います。レンズを向け、ズー
ムボタンから指を離し、LCD スクリーンを見て画に問題がないことを確認したら、
「録画」ボタンを押します。狙ったショットが撮れたら停止し、同じことを繰り返
します。「動く、向ける、撮る、止める」で 1 つのリズムです。いいですね、動く、
向ける、撮る、止める。

こうすると、きちんとフレーミングされたショットが続き、視聴者の目は、被写体の
動きに向けられ、そこに留まります。たびたび傾くフレームによって、集中が削が
れることもありません。

カメラを動かす（または動かさない）ことに関しては、「ショットを設定してその
まま固定」（111 ページ）をお読みください。

6. 照明を背負う。

携帯電話から HD まで、現在のビデオカメラは自動で光量を調整します。ライトが
明るすぎれば、絞りを閉じて入ってくる光量を減らします。通常は、撮影者にもビ
デオカメラにもこれで問題はありません。非常に明るい屋外で撮影したショットも、
ろうそくの光で照明した屋内のショットも見栄え良く撮れます。

しかし、同じショット内に明るさのレベルがい
くつもあると、カメラは判断できません。レン
ズは 1 つだけですから、明るすぎる光を減ら
そうと絞りを絞れば、フレーム内の暗い場所
はぐっと暗くなります。たいていのビデオカメ
ラは、フレーム内で最も大きくて明るいものに
露出を合わせます。午後 2 時におばあさんを
窓際で撮影したとしましょう。カメラの映像は
窓の外の景色を美しく見せ、おばあさんは
黒いシルエットの切り抜きになります。

**自分の顔ではなく、被写体の顔を
照らします。**

まるで証人保護プログラムで身を隠している人のように、おばあさんを撮りたくはないはずです。そのためには、照明は、撮影者の背後に置きましょう。私はこれを「KTLAYB」（Keep the light at your back、常に照明を背負う。）と呼んでいます（冗談ですよ。この本は、NAWBUITB［No acronyms will be used in this book、頭字語は使いません］で行きます。レンズの前に明るい光があると、そこは被写体よりも明るい領域になり、被写体は暗くなります。撮影者が常に光を背負っていれば、被写体に光が当たり、フレームの中で最も明るい領域になります。これなら、被写体がよく見えます。

日中の屋外で、被写体が目を細めていたら、位置を変え、正面ではなく斜めから太陽の光が当たるようにしましょう。ずっと良くなりますよ。

詳しくは、「照明を考える」（118 ページ）をお読みください。

7. カメラのデジタル効果をオフにする。

カメラに搭載されたデジタル効果で、使った方が良いものは 1 つもありません。断言します。すっきりとした動画が撮れていれば、ポスタリゼーションなどといった間抜けな効果は、後で付け足せます。コンピューターの編集ソフトには、そうした効果がいくつもついています。しかし、撮影する時に効果付きにしたら、取り除くことはできません。永遠に、そのままです。**間抜けな**効果だって、言いましたよね？

店頭で読んだ箱書きの何を信じたかは分かりませんが、デジタル効果でカメラに特別なパワーが宿るわけではありません。高品質な写真を最良の状態で撮影できるのに、デジタルズームや「ナイトビジョン」など、カメラの機能一覧を長くするために考え出されたひどい効果は、質を下げるだけです。

フッテージ（映像）は常に、効果をオフにして撮影しましょう。「ナイトビジョン」（夜景）が必要だと感じたら、コンピューターの編集ソフトで「ナイトビジョン」にします。こうすれば、良い状態のオリジナルフッテージはそのまま保存しておけます。

詳しくは「カメラのデジタル効果をオフにする」（104 ページ）をお読みください。

8. 自分が面白いと感じるものに注目する。
あなたが本当に興味を引かれたのは、何でしょう？

私は最近、オーケストラについての動画ブログを観ました。楽器は何と、iPhone です。演奏者は 20 人ほどで、特別なグローブを装着し、手首にはスピーカーが付いていました。素晴らしいアイデアではないですか？ 演奏している音楽家たちが大きい輪になっているのも、とても良い感じに見えました。

問題は動画です。グループ全員のワイドショットから始まり、カメラはさまよい始めます。どこを見るべきかを決めかねているようです。演奏グループのある一群、次にまた別の一群へとカメラを向ける場所を変えるのですが、その意図は伝わってきません。私はまるで、漂流しているように感じました。私には見たいものがありました。グローブスピーカーのクロースアップや、演奏者たちが iPhone のスクリーン上で何をどうしているのかなどです。こうしたものは、一度も映りませんでした。私は、動画の制作者が被写体に興味がなく、何を撮影すべきか分からなかったのだと感じました。オーケストラがどんなに面白いか、さまざまな側面を見せてほしかった。しかし、その好奇心は私からの一方通行で、ショットは特別な意図もなく、時間が経てば別のところが映るだけです。

整理整頓の原則を適用すれば、どんな動画でもずっと良くなります。元々何のための原則かは、重要ではありません。この動画の撮影者が演奏者の 1 人に特別に関心を持っていて、彼女を詳細に見せてくれたとしたらどうでしょう。集中した表情、腕の動かし方、iPhone のスクリーンで何をしているのかなどを写すはずです。または、聴衆に注目していたらどうでしょうか。聴き入っている顔、彼らが何に驚いたかを示したり、演奏会の後に感想を聞くことも考えられます。それに、曲とその制作過程に注目する方法もあります。iPhone 交響曲の楽譜とは、いったいどんなものなのか？ 誰が指揮者で、演奏している間彼はどうしているのか？ 音楽をどうやって演奏しているのか？ といった観点で撮るはずです。

注目すべき「何か」を見つけましょう。面白い人や面白い側面が見つかると、動画はとたんに良くなります。

詳しくは、「作り手の情熱を示せば、魅力が伝わる」（26 ページ）をお読みください。

9. 素人感丸出しのタイトルを使わない。

しっかりしたデザインができる人以外は、本当に必要でなければタイトルを使わないことです。（中学生のとき、ポスターに文字を書ける人は引っ張りだこでしたよね！？）

どうしてもタイトルを**入れたい**なら、短くシンプルなタイトルにします。目に馴染む、飾りのない、ゴシック系のフォントがお勧めです。タイトルはできるだけ小さく、しかし簡単に読める程度の大きさにします。スクリーンの上部または下部 3 分の 1 の領域に配置しましょう。暗い背景なら白、明るい背景なら黒の文字を使います。ドロップシャドウ、輪郭線、下線、モーション、グローといった飾りは不要です。エフェクトもいりません。背景が中途半端に明るく、黒や白の文字では読みづらい場合は、シンプルなグレーのボックスを背後に敷きます。

スクリーン上のタイトルは、声を出して読んだ時にかかる時間よりも一拍長く表示します。動画のすべてがそうありたいのですが、タイトルも例外なく、シンプルと洗練を目指します。

動画のグラフィックスに関して詳しくは、「グラフィックスはほどほどに」（223 ページ）をお読みください。

シンプルに。

10. 動画は短く。

動画に関しては、ショービジネスで言われるように「もっと観たいと思わせる余地を残す」べきです。動画で伝える価値のあることはすべて、もっと短く伝える努力を払う価値があります。テレビコマーシャルは完全なストーリーを語り、視聴者を楽しませ、納得させます。すべて 30 秒以内。ベンジャミン・バトンは、スクリーン上の 2 時間 46 分で、全人生を逆行しました（全人生にしては長くはない時間ですが、2 分 30 秒で十分だと言う人もいるでしょう）。

あなたのお母さんの 2 歳の誕生会の記録ならおそらく、画質の粗い 2 分程度のホームムービーか、アルバムに挟まっている 6 枚程度の写真で残っているのではないで

しょうか。私たちが今、そうした写真を見ると、当時の時間と場所が手に取るように伝わってきます。ホームビデオが短いのは、当時は 8mm フィルム 1 本で撮れるのが 2 分だったからです。現代のビデオカメラで 1 時間半たっぷり**撮影できる**からと言って、**そうすべき**だとは限りません。誕生会を人に見せるのに、10 分は長すぎます。3 分以上のセールスビデオ？ ヴィクトリアズ・シークレットの広告をマーティン・スコセッシが監督するのでない限り、そんなことは無駄です。もしそれが実現したとしても、よほど面白くなければ。

動画を短くする最善の方法は、はじめから短い動画を目指すことです。次に良い方法が、古いショービジネスの格言「疑わしきは削除する」を取り入れることです。

詳しくは、「短くする：保存容器の法則」（49 ページ）と「疑わしきは削除する」（212 ページ）をお読みください。

11. 外部マイクを使用する。

ほとんどのビデオカメラは、サウンドレベルを自動調整します。つまり、聞こえるものは何でも一定の聞きやすいレベルに音量を上げます。残念なことに、撮影者の周囲で人々のざわめきが聞こえたら、それも大きくなります。路上の騒音、サイレン、すべての音量が上がります。

実際、内蔵マイクは、何の音も拾えないと、それも大きくします。インタビューで被写体とマイクの距離が離れていると、被写体からカメラを持つ撮影者の間で聞こえたわずかな音を拾い、音量を上げます。その結果、部屋のノイズが過度に増幅されます。

被写体のすぐそばで撮っているなら、問題はそう大きくはありません。問題を完全になくす方法は、即座に電気店に行ってクリップマイクを買うことです。この素晴らしい製品は、たったの 2 〜 3 千円です。ケーブルの端をカメラにつなげ、マイクを被写体のシャツにクリップで留めれば、音の問題は解消します。

ブームマイクを購入する方法もありますが、その場合には、アシスタントの手助けがいります。アシスタントが、被写体のすぐそば、カメラにギリギリ写らない場所でマイクを持ちます。これでノイズの問題は解決です。

音質に関しては、「音についての考察」（152 ページ）でさらに検討しています。

12. 高品質の誓いを立てる。

起立して右手を挙げ、証人の前でこれを読みあげてください。

「私、［自分の名前］は、友人、親戚、顧客、または私が性を想起させる言葉をタイトルに含めたために YouTube で私の動画を見つけた赤の他人に、つまらないビデオを見せないことを約束します。

　　　私はいつでも、話している人のすぐ近くにマイクを置くか、離れている時には外部マイクを使うことをここに約束します。暗すぎてよく見えない場合には、その映像は使いません。自分の親指が映り込んでしまったら、そのショットは使いません。

　　　被写体の人物がよく見えないほど遠ければ、誰にも（実の母にも）10 秒以上は見せないことを約束します。

　　　一生に一度のできごと（アレックス・ロドリゲス選手の 610 本目の新記録達成ホームランをキャッチする息子や、私のクルマに車上荒らしを働いている泥棒など）を偶然撮影したフッテージでない限り、ガタガタ揺れる、何が写っているか分かりづらい動画は、他人には見せず、可能な限り消去することを約束します。

　　　高い技術水準を目指すことを誓います。誰かにできの悪い動画を見せるのは、失礼なことだと自覚します。視聴者は逃げだしたい気持ちになるもので、技術的な問題があれば余計に、自分が見せたいと思っている面白い／可愛い／有益な／優れた／ショッキングな画を視聴者が楽しむことはできないのだと自覚します。

　　　今まで述べたことをもう一度短くまとめます。言いたいことを伝えると同時に、視聴する人のために、質の良い動画を作る方法を考えることを誓います。自分が手渡されても観ないようなひどい動画は、誰にも見せません」

どうぞ、着席してください。

PART 1

監督のように
考える

監督の仕事は、視聴者が観たいと思う動画を撮影することです。

つまり考えるべきことは、視聴者にどう伝えるか、視聴者はどこでどのように動画を観るか、どうすれば視聴体験を向上させられるか、といったことになります。

根本の考え方を変えるだけで、これまでとは違う、より良い意思決定が行えます。ほかに何もしなくても、動画はずっと良くなります。

動画を撮影する人のほとんどは、**このようなことを考えていません。視聴者のことを考えるだけで、一味違う動画になります。**

Chapter 1

面白くなければ、それまで

誰でも経験があるはずです。できの悪い、退屈な動画を観せられるのは苦痛以外の何物でもありません。時間を奪うだけで、得られるものはないのです。盗みにあうのと同じこと。怒りがわいてくるでしょう。怒りによってどんな行動に出るかは、時によります。クリックして別の動画を観ることもあれば（1人ならそうするでしょう）、親戚／雇用主／友人など、その動画を勧めた相手を嫌いになることもあります。ともかく、本物の強烈な怒りです。動画鑑賞とは、取引のようなものです。動画から何も受け取るものがなければ、視聴者は**だまされた**と感じます。

視聴者は与えられる楽しみに対して、時間やお金（またはその両方）を費やすのです。異論の余地はありません。楽しくなければ、観る人などいません。誰かにDVDを手渡したり、動画のリンクを送った時点で、望む、望まないにかかわらず、取引が始まるのだと考えましょう。

取引とは、暗黙の了解です。「私（視聴者）はあなたに時間をあげます。あなた（動画）は、楽しい体験を提供してください。それに見合うのなら、もっと支払いますよ。チケットを買うのも、広告を見るのもいといません。つまらなければ、即刻、やめます。ほかのことをした方がましですから」

この取引は、「エンターテインメント」と呼ばれます。視聴者は与えられる楽しみに対して、時間やお金（またはその両方）を費やすのです。異論の余地はありません。楽

しくなければ、観る人などいません。誰かに DVD を手渡したり、動画の
リンクを送った時点で、望む、望まないにかかわらず、取引が始まる
のだと考えましょう。

相手が、あなたに恩義を感じていることもあるでしょう。従業員かも知れ
ませんね。あるいは、あなたにつまらない動画を観せた**誰かが**、その恩返
しに観てくれることもあるでしょう。しかし、だからといって、取引からは
逃れられません。それでも、楽しませるべきです。動画の途中で、あな
たに借りがあることなどすっかり忘れ、「つまらない動画を観せられた」と、
嫌いになり始める可能性もあります。

あなたの動画はこの宇宙で最も有益で、ハーバード大学の 4 年間よりも
多くのことを 5 分で学べるものかも知れません。あるいは、生命にかか
わる差し迫った問題について、何かを教えてくれる動画かも知れません。
どちらにしても、退屈で雑な作りなら、誰の人生も変わりません。なぜ
なら、最後まで観る人がいないからです。

椅子に縛り付けて観せたとしても、興味の
対象は、動画の外にさまよい出てしまいま
す。携帯でメールをしたり、寝たり、上の
空です。命令しても、お金を払っても、観
せることはできないのです。できることは、
昔ながらの取引を提供することです。「これ
観てよ、面白いから」と。そして、楽しませなくてはならないのです。

退屈な動画を作らないための第一歩は、この真実を受け入れることです。
「面白くなければ、それまで」。視聴者に、もっと観たいと思わせましょう。
そう思わなければ、去っていきます。楽しませるために、爆発も、裸も、
ウィル・スミスも必要ありません。適切に作られた、真実味のある動画で、
興味をかき立てるのです。

世の中に公開する動画すべてについて、技術（照明、音声）に適切に
配慮し、真実味があり、何よりも自分自身が興味をそそられるものだと
自分に約束しましょう。先入観を捨て、はじめて視聴するつもりで自分の
動画を評価します。「作り手が何を伝えたいかは知らないけれど、良い

何を楽しいと思うのか？

YouTube のトップページの「動画」からランダムに 10 本ほど選びましょう。アマチュアとプロ、再生回数の多いものと少ないものをとり混ぜてください。

1 本目の動画を再生します。動画を変えたくなった時点で停止します。何秒観ましたか？（動画画面の左下に時間が表示されています）。つまらないと感じたのは、いつでしょう？ なぜでしょうか？ 別の動画にしたいと思ったり、もっと観たいと思った理由は何ですか？

最後まで観たなら、その理由は？
何が、それほど引き付けるのでしょう？

自分の視聴パターンに傾向はありましたか？ 時間を費やしたことに対する見返りがある（またはない）理由を考えると、動画の「何」が楽しませるかについての意識が高まります。

動画とはどんなものかを理解している人」になったつもりで観ます。あなたの友人を無条件に可愛いと思わない人、仲間受けの冗談が通じない人、あなたが滑舌悪く話したら何を言っているか理解しない誰かです。素に戻って、正直になりましょう。あなたの動画のできは、どうですか？ どうしたらもっと良くできるでしょう？

プロの監督たちは、観客をどう楽しませるか、いつも考えています。皆さんもそうしてください。

Chapter 2

意図のない撮影は つまらない動画に まっしぐら

プロの監督がプロジェクトを引き受ける時には、自分が制作にかかわる理由が分かっています。この章で言う、意図です。「地球温暖化の危険性を、より多くの人に知らせたい」は、素晴らしい意図です。「怖い動画で観客を震え上がらせたい」も同じく、素晴らしい意図です。どちらの場合にも、監督が進む方向がはっきりしています。しかし、明確な意図なしに制作にかかる、能無しの監督だったらどうでしょう。自分がしたいことが明確でなければ、シーンがこれで良いかどうか、俳優が役に適しているかどうかなど、分かりません。元ニューヨーク・ヤンキースの名選手、ヨギ・ベラもこう言っています。「自分がどこに行くのか分からない時には、よほど注意した方がいい。たどりつけないかもしれないからね！」

動画にはすべて、明確な意図が必要です。単純な意図でも（ナミビア旅行の様子を友だちに見せたい）、複雑な意図でも（大学教育を受けていない20代〜40代の視聴者の、リサイクルに対する意識を変えたい）かまいません。何であろうと、動画を制作するそもそもの理由が**意図**です。

心底つまらない、ろくでもない動画を作りたいですか？「意図」と「結果」をはき違えると、そうなります。意図とは、動画を撮る時に自分がしたいことです。「結果」は動画を作り終えた時に起きることです。結果を自分で完全にコントロールすることは、不可能です。

「超絶面白い美容師がやっていることを見せたい」は意図で、「ハリウッドのスタジオにスカウトされたい」は結果です。意図は、プロジェクトの間、制作者を導きます。結果は違います。動画が完成するまで、結果は存在しません。

あなたの意図が「超絶面白い美容師がやっていることを見せる」ことなら、「見たことがない」「笑える」と思うものを撮影すれば、正しい方向に進んでいるはずです。しかし「ハリウッドのスタジオにスカウトされる」ことを目指しても、撮影を進める道筋は開かれません。あるカットが、スカウトの目に留まる可能性を評価することなどできはしないのです。スカウトが好むサウンドトラックを知っている人など、いません。

YouTube で有名になったり、大金を稼ぎたいと思ってもかまわないかって？ もちろんです。しかしその期待は「結果」です。動画制作の意思決定のガイドとしては役に立ちません。

結果を求めてプロジェクトをはじめても、何の助けにもなりません。最悪なのは、結果はどうなるだろうかと考える「わな」にとらわれることです。こうなると、判断がつかなくなります。

以前、環境設備会社の CEO に「あなたの目標は何ですか？」と尋ねたことがあります。「二酸化炭素排出量を抑えるために、低価格の機器を提供すること」や「石炭事業者が近隣のコミュニティとより良い関係を築けるようにすること」といったことが目的なのだろうと思っていました。しかし予想とはまったく異なり、彼の目標は、「Fortune 500 に入る企業に成長させること」でした。それは、成功についてくるはずの結果です。それではいったい、**何をしたことによる成功なのでしょう？** 明確なアクションを示してくれるのは、意図です。

地ビール会社の設立者兼 CEO の友人もいます。彼に目標を聞くと、自分が好きなビール、感覚に訴えかけるビールを作り、人々に飲んでもらうことだと答えました。これは意図です。先ほどの環境設備会社は、2 年後に倒産しました。ビール会社は、アメリカで最も急速に成長している醸造所です。

TRY THIS

あなたの意図は？

次に動画を撮る時には、撮影にかかる前にブレインストーミングをしましょう。動画を作る理由、視聴者を楽しませる方法をできるだけたくさん考え、リストにします。たくさんの候補の中から、最も有効な意図を選び、それを常に忘れずに撮影に臨むのです。意図が頭に入ってさえいれば、それだけで動画に生命がこもります。ずっと生き生きとしてくるはずです。

このリストは、共同監督として参加した、「パフォーマーのためのサマースターズキャンプ（Summer Stars Camp for the Performing Arts）」のためのブレインストーミングです。サマースターズは、恵まれない環境にいる 11 ～ 14 歳の子どもたちに舞台芸術を通して成功体験を教える団体で、資金が必要でした（今も必要です！　www.summerstars.org をご覧ください）。ブレインストーミングでは、頭を自由に働かせ、判断を入れずに思い浮かんだこと「すべて」を書き出します。

目的：

- 多額の資金を集める
- 子どもたちがサマースターズに参加したらどうなるのかを人々に見せる
- キャンプに参加した後で、子どもたちがする選択を通して彼らの成長を示す
- キャンプの楽しさを見せる
- 視聴者に参加を呼びかける
- 「Today」（情報番組）にキャンプを取材してもらう
- 子どもたちの最終的なパフォーマンスのレベルの高さを視聴者に印象づける
- 視聴者がキャンプに参加している子どもたちを思い、涙ぐむような映像にする

- 視聴者に、子どもたちの日常の悲惨さ、キャンプが終わればそこに戻っていくことのつらさを分かってもらう
- 子どもたち一人ひとりについて、達成したときの喜びを見せる
- 視聴者が参加している気持ちになるような映像にする
- キャンプに参加する前と後での子どもたちの変化を見せる
- 子どもたちのひたむきな努力、困難への挑戦が、最後に報われることを示す

リストを 1 つずつ確認し、「多額の資金を集めること」など、明らかに「結果」を示すものは消しました。探したのは、自分がワクワクするもの、撮影方法についてさまざまなアイデアが思い浮かぶものです。

最終的には、「キャンプに参加する前と後での子どもたちの変化を見せる」ことを動画の意図に選びました。そのためには、インタビューがよさそうです。打ち解けず、恥ずかしげなキャンプ初日と、キャンプ最終日のショーでパフォーマンスを成功させた後の 2 回です。カウンセラーにもインタビューしました。今は大学生の彼も、キャンプの参加者でした。最初に参加した時には心を閉ざし、おびえた 12 歳で、ギャングになりかけているところでした。結果は、サマースターズへの寄付が何を意味するかを感じられる、中身の詰まった短い動画になりました。

動画は、「Summer Stars Camp」のトップページに掲載されています（www.summerstars.org）。

意図に対して真剣に向き合うと、とたんに、作品の焦点がはっきりします。意図がなければ、娘の1歳の誕生会を最初から最後まで、とりとめもなく撮影することになります。「自分の両親に、誕生会の娘がどんなに可愛かったかを伝える」ことが意図なら、部屋にいる大人ではなく、娘の行動が焦点になります。クローズアップを増やし、カメラを彼女の目線に下げて撮影することでしょう。カメラを向けられていることに気付いていない時に撮影して、ありのままの無邪気な姿をもっと記録したいと思うはずです。

作り手の情熱を示せば、魅力が伝わる

私の自宅からほど近い、サンタモニカのサードストリートプロムナードに、ここ15年ほど芸を披露しにやって来る、ストリートパフォーマーがいます。たまにしか登場しない彼のパフォーマンスは風変わりで、姿を現すのは夜だけです。

　小柄な彼の衣装は黒一色。腰には太いユーティリティベルトが巻かれています。そのベルトからは巨大な懐中電灯、ワイヤ製のリング、チューブ、扇子などがぶら下がっています。彼は液体が入った平たい鍋を持ち、たばこを吸います。「よし」となったら、ワイヤ製のリングを1つ取り出して液体に浸し、空中で振ります。すると、巨大なシャボン玉ができます。次に、チューブを取り出してシャボン玉の中にたばこの煙を吹き込み、懐中電灯で照らします。

　闇の中、渦を巻く煙が懐中電灯に照らされる様子は見物です。しかしこれは、はじまりにすぎません。チューブをもう1本取り出すと、最初のシャボン玉の内側や周囲にもシャボン玉を浮かせていきます。いくつかには、煙を吹き込みます。そうするうちに、きらきらのシャボン玉の彫刻が見事に形作られていきます。ふわふわと

彼の頭上に浮かんでいるシャボン玉を息で暖めたり、扇子であおいだりして、空中に漂わせ続けます。シャボン玉の中のシャボン玉、球体の複合体、シャボン玉のピラミッドなど、シャボン玉がこうなるなんて想像もしたことのない形状です。最終的に彫刻は地面あるいは壁にぶつかり、破裂して、美しい煙になって散っていきます。光は消え、観衆の興味は、次のシャボン玉に移ります。

　私がこのパフォーマンスに魅了されるのは、見た目の美しさだけでなく、風変わりだからです。たばこの煙をシャボン玉に吹き込むなんて、いったい誰が練習するでしょう（名人の域に達したからには、練習を重ねているはずです）？ シャボン玉を懐中電灯で照らそうと思い付いたきっかけは、そもそも何だったのでしょう？ 観衆の多さは、ジャグラー、ギタリスト、自分を銀色に塗るボディペイントアーティストたちにひけをとりません。

　これと同じような例が、ブランドン・ハーデスティ（Brandon Hardesty）の動画です。映画のワンシーンを自宅の地下室で演じた、ブランドンの一人芝居は大評判を呼びました。

友人のバンドを撮影するなら、「リードギタリストの超絶テクニックを見せる」ことを意図に据えると、意思決定の根拠や焦点はすっかり変わります。あるいは「オンラインで注文するよりも店舗の方が素早く買い物できることを顧客に示す」意図と、「従業員の素晴らしい人間性を顧客に見てもらう」意図とでは、選択が異なるはずです。どちらを選択しても「売り上げを伸ばす」といった、あいまいな「結果」志向の期待よりも動画はずっと良くなります。

意図は何ですか?

シャボン玉の中に煙を吹き込む男と同じく、奇抜な動画です。しかしブランドンも、自分のアートにこだわって動画を作っています。情熱をこめ、ひたむきに演じます。俳優としても悪くはありません（現在は、役者のための YouTube チャンネル「The Back Focus」を開設しています）。アイデアが奇抜なほど、うまくいくものです。
ここから読みとれるビデオグラファーの教訓は、「情熱とひたむきさは、それ自体がエンターテインメントだ」です。情熱と、その理由を示すと、視聴者ははじめてそこに目を向けます。テーマは何でもかまいません。巨大な糸玉を目当てに美術館に行く人がいれば、モーガン・スパーロックが1か月もの間ハンバーガーを毎日食べ続けるのを観て面白がる人もいます（映画「スーパーサイズ・ミー」）。人間の真の情熱は、人々の心をつかみます。自分が情熱を傾けている対象を撮影しましょう。

人間の情熱という神秘が、人の心をつかむのです。

情熱がそれほど高くなくても、この原則に従うことは重要です。1) 面白い動画にするには、撮影するすべてのものに何かしら、自分の興味を引くもの・ことを見つけます。どんなに退屈なトピックに思えても、まだ見えていないだけで、魅力的な側面があるはずです。2) あなたの最高の動画は、あなたが情熱を傾けているものを撮影した時にできあがります。

Chapter 3

動画にする理由は?

動画が力を発揮するのは、動きや感情を伝えることです。事実や数字の羅列? あまり得意ではありません。表やリストを使う方がよく伝わるなら、動画向きの素材ではないと考えましょう。動画に罪はありません。私たちの脳が情報を受け取るのに、得意なフォーマット、不得意なフォーマットがあるのです。

初期の人類は、アフリカの平原で生き残るために進化しました。脅威には素早く対応しなくてはならず、たいていの脅威は動くものでした。人間の目は動きに敏感になる一方、岩や木といった脅威ではない、動かないものは無視するようになりました。森で野生動物を驚かすと、動きを止めるのを見たことはありませんか? これが理由です。動物は、人間の目は動くものを追い、動かなければ注意を引かないと知っているのです。動画も同じことです。人間はフレーム内の動きに注目します。動かないものは、目に入りません。

大学の卒業式の動画をじっと座って観るのが難しい理由は、もうお分かりでしょう。あなたの友人はカメラを三脚にセットし、ステージに向け、録画ボタンを押してそのままにしました。登壇者たちは同じ場所でじっと立って話すだけ。来賓は椅子に腰かけてじっとしています。すべてが静止したままです。しっかり見ようと頑張っても、目は勝手にさまよい、ヌーやライオンが出てくることを期待したり、動くものを見せてくださいと神に祈るのです。

感情も動画の得意分野です。しっかり、分かりやすく伝わります。赤ちゃんやペットが YouTube にあふれているのには、理由があります(大勢の歓声「わぁぁぁぁぁ! 赤ちゃんよ! 子猫もいるわ!」)。ユーモア、恐怖、愛国心、怒り、インスピレーション、畏れ、欲望が動画界のスターで

あることには、理由があります。成功している動画やテレビ番組で、視聴者の感情に働きかけないものは、見つけようと思っても、おそらく不可能です。

これも、動画に罪はありません。人間は、感情の生き物です。感情を揺さぶる（エモーショナルバリューのある）ストーリーは、記憶に焼き付きます。（「槍も持たずにトラを追うなんて、やめて！ オグ、危険すぎるわ！」続きが聞きたくなりますね？）戦争する、結婚する、労働する、子どもを持つ。人間の行動のきっかけはすべて、感情です。

それなのに、他者を納得させ、説得し、やる気にさせようと、事実を列挙することに焦点をあてた動画を作り続ける人がたくさんいます。いつまでも続くリスト、タイムライン、表などを動画で見せようとしているなら、考え直しましょう。無味乾燥で感情のない講義は、聞き手に忍耐を強要します。その講義を動画で観せられたら、いっそうの忍耐が必要になります。

動画で事実を伝えられないと言っているわけではありません。「たくさんの事実を効果的に伝える」のには向いていないと言っているのです。語るストーリーにはすべて、事実が含まれます。避けたいのは、ストーリーに**せずに**事実を伝えようとすることです。

たとえば、自分が経営する楽器店の紹介動画を作るとしましょう。ストラトキャスター、フライングV、レスポールといったビンテージギターを見せ、製造年とそれを演奏した人を語りながら、次、次と進めることもできます。一方で、苦労して貯めた 3,800 ドルを握りしめてやってきた、16 歳の少年の感情を焦点にすることもできます。ジミー・ペイジが「天国への階段」を演奏する時に使っていた、ビンテージのギブソンダブルネックギターを買いに来たのです。どちらのバージョンでも、ビンテージギターを販売している事実は伝えられます。しかし、記憶に残るのは片方だけです。

> **TRY THIS**
>
> ## なぜ、それが大事なのか？
>
> 事実を列挙したいと思ったら、その事実 1 つひとつについて「なぜ、それが大事なのか」をブレインストーミングしましょう。たとえば「極氷はこの 10 年間で 20 パーセント減少している」は、事実です。なぜ、それが大事なことなのでしょうか？「今から 50 年後に世界は戦争になるだろう。海面が上昇し、何百万もの人間が内陸へと押しやられるからだ。あなたの子どもや孫もそれに巻き込まれる」
>
> このような「なぜ」は、動画（または長編映画）のベースにしやすく、ストーリー、感情、動きを通して視聴者に訴えかけることができます。
>
> また、「なぜ、それが大事なことなのか」の問いに対する答えは、しっかりとした意図になることも覚えておきましょう。

Chapter 4

その場で創造性を絞り出す

撮影のアイデアが必要な時に頼りになるのが、ブレインストーミングです。撮影現場で、リスクをとる決断を後押ししてくれるのもブレインストーミングです。非常に役に立つスキルです。練習にかける時間は、決して無駄にはなりません。

ブレインストーミングとはビジネス業界の用語で、「アイデアを出し合おう」の意味でよく使用されます。しかしこの言葉を実際に言い始めたのは、1950年代に広告業界で活躍したアレックス・オズボーンです。この言葉とシンプルなルールは、今日も有効であり続けています。

独創的な発想を得たいとき、私たちはこんな風に言いますよね。「分かった！ こうしたらどうかな……。いや、やめておこう。それは去年やった」。あるいは「こうしたらどうかな……。いや、やめておこう。お金がかかりすぎる」。アイデアを思い付いても、その同じ口から、即座に取り下げるのです。

ブレインストーミングでは、「思い付いた！」の熱い瞬間と、「うまくいかないだろう」の冷静な瞬間を切り離します。2つの段階を分離すると、多様なアイデアが次々にわき出してきます。選択肢が増え、多少のリスクをとってもクリエイティブな方向に進もうという判断が、しやすくなります。

ブレインストーミングセッションは、2段階に分けましょう。「熱い」段階では、判断せずにアイデアをたくさん出します。その後、リストから選択をする時にはじめて、「冷静な」段階を始めます。

1. リストを作る：この段階では、1 枚の紙あるいはコンピュータースクリーン上に、できる限り多くのアイデアをリストします。どんなにくだらない、的外れな、ひどいアイデアでも気にしません。実際、くだらないアイデアは、笑いを誘ったり、別のアイデアを思い付くきっかけになってくれます。この段階では、アイデアが良いかどうかは判断しません。目標は、たくさん出すことです。

「子どものサッカーの試合を飛行船から撮影する」といえば無謀に聞こえるでしょう。しかし「スタジアムの一番上からロングショットで撮影する」という実用的なアイデアを引き出すきっかけにもなります。

2. 選択する：リストを検討します。少し現実離れしたアイデアでも、面白いアイデアにはすべて印を付けます。そして、本当に良いと思うアイデアに絞り込みます。私は、少し難しいアイデアを探すようにしています。うまくいくかどうか心配ではあっても、試した時に最も面白くなるのは、そういうアイデアです。皆さんが何を選ぶかは、自由です。胸が躍るアイデア、変わったアイデア、簡単そうなアイデア、基準は自分次第です。

実際の例で説明しましょう。

撮影を計画する

私は親戚たちに、息子マシューのサッカーの試合を見せると約束していました。面白くない動画になりそうだったので、撮影で斬新さを出せないだろうかと考えました。「リストを作る」（ブレインストーム）と「選択する」（アイデアを選ぶ）の 2 つに段階を分けて、頭を働かせます。

アイデアはたくさんあったほうが良いので、判断はせず、どんどん出していきます。ばかげたアイデアでも書き留めます。実際、頭を柔らかくするために、意図的にばかげたアイデアを出すこともあります。

- ボールにテープでカメラを貼り付ける
- 審判にカメラを持ってくれと頼む
- 飛行船をレンタルして頭上から撮影する

- 全米ユースサッカー協会の審判服で、チームと一緒にフィールドを走る

- マシューのポケットに小型カメラを入れておき、ここぞという時にグラウンドに落とすように言っておく

- 15メートルのポールにカメラを吊り下げて、フィールド全体を上から撮る

- 姉にその場で実況させる

- 試合ではなく練習を撮影して、動きを近くで撮る

  - 試合への意気込みをチームにインタビューする
  - **巨大な**ズームレンズと三脚を使用する
  - 監督の帽子にカメラを付ける（ヘルメット装着型カメラ）
  - チームのベンチから撮影する
  - 監督と、監督とマシューの関係に焦点を当てる
  - マシューの練習と試合の準備までをとらえた、「舞台裏」動画にする

スポーツのアクションに思い切り寄ると、生き生きと感情をとらえられます。

さて、選ぶ準備は整いました。いくつか気に入ったものがあります。

- 全米ユースサッカー協会の審判の服を着て、チームとともにフィールドを走る

- マシューのポケットに小型カメラを入れておき、ここぞという時にグラウンドに落とすように言っておく

- 飛行船をレンタルして頭上から撮影する

- 試合ではなく練習を撮影して、動きを近くで撮る

- 試合にどう臨むか、チームにインタビューする

- **巨大な**ズームレンズと三脚を使用する

- チームのベンチから撮影する

- マシューの練習と試合の準備までをとらえた、「舞台裏」動画にする

- どう考えても実現不可能なアイデアも、いくつか含まれています。でも、監督に話したら、練習に参加して一緒に走ることは許されるはずです。良いショットがたくさん撮れるでしょう。休憩時間にはチームへのインタビューも試すつもりです。試合の映像と組み合わせれば、面白いサッカー動画になるでしょう。

撮影中

たとえば社員旅行を撮影していて、撮影の最中に、メモ帳やノートパソコンを取り出してリストを作る時間がないとします。そんな時にもやはり、アイデアのブレインストーミングは有効です。カメラは手に持っていて、撮影したいものが目の前に展開されている状況だとしたら、こんな感じでブレインストーミングをします。

リストを作る。自分の行動 1 つひとつについて、即座に自問することを習慣にしましょう。

ここに立ち、いつもどおりにカメラを構える以外に、撮影方法はあるだろうか？ 最前列に座ったらどうだ？ 講演者の真横に行ったらどうだ？

撮影中は誰に話しかけようか？ 各セッションの後、CEO にインタビューできるだろうか？ 会社で一番の新人は誰だろう？ 彼女は何か面白い視点を持っていないか？

選択する。何でもかまいません。自分が面白いと思うものを選びましょう。ビデオのメモリに従量制の課金はありません。心を動かされるものは、何でも試しましょう。

TRY THIS

ブレインストーミングする

次に動画を撮る機会はいつですか？

撮影の計画があるなら、ブレインストーミングを試してください。新しい撮影方法のリストを作成してはどうでしょう。気の向くままに。そして、ブレインストーミングなしには考え付かないような方法を試しましょう。

もっと手軽にブレインストーミングを試すこともできます。今すぐカメラを取り出して、自分の周囲を撮影します。その時に、「こうしてみたらどうだろうか」と、自問します。最も奇抜に思えるものを試し、どんな映像になるか、見てみましょう。

Chapter 5

視聴者を知る

独立疑念日に開催された楽しいバーベキューのホームビデオと、あなたが運営するガーデニングに関するブログのWeb動画とでは、視聴者が違います。前者の視聴者は友人や家族など、バーベキューの参加者たちです。彼らの興味はもっぱら、自分たちがどう映っているかや、すっかり記憶から飛んでしまったマルガリータを飲んだ後のできごとを思い出すことに向けられます。時には、その楽しい時間の思い出を別の友だちと共有することもあるでしょう。

万人に向けて動画を作っているとしても、それを特に気に入る人々がいるはずです。

後者の動画は、植物に関するアドバイスを得たり、植物をどんな配置で庭に植えるべきかを知りたくてあなたのブログを訪れます。このような人たちは、ガーデンパーティーがあったのなら、そのうちの数ショットは見たいかも知れません。しかし、あなたが全裸で中庭を走りぬけたなどという、大学時代の友人の思い出話には興味を持たないはずです。

動画を作る時には、視聴者層を考えます。中心的な視聴者層を考え、**視聴者にとって**素晴らしい動画にすれば、大勢に見られる確率が高くなります。万人に向けて動画を作っているとしても、それを特に気に入る人々がいるはずです。どういったカテゴリの人々でしょう?

撮影する前に「誰が、何を、いつ、どこで、どうして」を考えましょう。

あなたの動画を観るのは「**誰**」ですか？ 具体的にしましょう。男性？ 女性？ 何をするのが好きな人たちですか？ 切手収集に関する動画を作るのなら、視聴者は切手収集家です。あなたが見せるものを面白いと思う理由は、何でしょう？ どこに住んでいますか？ 年齢はどのくらいですか？ 観てくれそうな人のことは、できるだけ多くを知っておくと、良い動画になります。

競争相手は「**誰**」ですか？ 子どもの誕生会のホームビデオなら、気にすることはありません。しかし、事業を経営していたり、自分のバンドのミュージック動画をたくさんの人に観てほしいと考えているなら、ライバルが何をしているか知っておきましょう。撮影前に知っていれば、相手よりも良い動画ができます。

視聴者は「**何**」を求めていますか？ おそらく皆さんは、**自分がしたいこと**は分かっているはずです。切手を見せたり、スポーツ動画を見せたり、アイデアを分かってほしいのです。または、イベントに参加できなかった人にその様子を見せたり、スピーチの記録を撮っておきたいこともあるでしょう。それでは、対象としている視聴者は何に興味を持っていますか？ 情報？ 刺激？ 彼らが楽しいと思うものは何でしょうか？ 言い換えると、「視聴者のために何を提供する動画なのか」です。

「**いつ**」動画を観るのでしょう？ 仕事中？ 自宅での暇つぶし？ または……

あなたの動画は、「**どこ**」で観賞する人が多いでしょうか？ Web では問題なくても、同じ動画が TV 番組に向いているとは限りません。劇場では素晴らしいワイドショットも、小さいスマートフォンの画面では、見どころも分かりません。

「**なぜ**」動画なのでしょう？ ほかの方法では視聴者に見せられない、何がその動画で伝わるのでしょう？

TRY THIS

自分は対象の視聴者か？

視聴者層を絞り込むことの強力さを理解する、簡単な方法があります。YouTube で「映画 予告編」を検索します。表示されるサムネイルのグラフィックスを見て、短い説明文を読みます。まず、面白そうだと思った予告編（トレーラー）をいくつか観てみましょう。次に、まったく知らない映画の予告編をいくつか。最後に、ポスターか何かでグラフィックスには見覚えがあるけれど、まったく興味が**なかった**映画の予告編をいくつか観ます。

映画スタジオはどうやってあなたの興味を引こうとしていますか？ 自分が**対象ではないと**、明確に分かる映画はありますか？ 何が違うのでしょう？

たった 1 人に観せるために動画を作ることもあるでしょう。その場合には、その人のニーズを満たしましょう。私の会社では、たった 8 人のために、それこそ何万ドルもかけて動画を作成したことがあります。彼らは主要ケーブルネットワークの意思決定者でした。動画を作成するにあたっては、時間をかけてケーブルネットワークのニーズを考察し、私たちが提案する番組がそのニーズを満たすことを納得してもらうにはどうすべきか、必死になって考えました。

あなたの動画の視聴者層は？ 彼らは何を面白がるのでしょう？

自分自身を知る

視聴者を知ることは必要ですが、自分自身も知らなくてはなりません。結局、自分の動画の最初の視聴者は、いつでも自分です。本人が気に入るのに越したことはありません。

　　脚本家の友人が言っていました。仕事を選ぶ時には、自分が身銭を切って劇場に行きたいかどうかで決めるそうです。「ワクワクしながらチケットとポップコーンを買い、照明が落ちるのを待っている自分が想像できないのなら、その映画の脚本は引き受けない」と。彼の輝かしい

キャリアの中で、そのルールを破ったのは数回で、その結果は悲惨だったそうです。執筆している時間、監督とのミーティング、映画の宣伝用に流れる広告を目にするとき。どの瞬間をとっても、ずっと詐欺を働いているような気分だったと言っていました。

　　素晴らしい動画を作る第一のルールが「視聴者を楽しませること」なら、まずは**自分自身が楽しめるもの**であるべきです。

Chapter 6

ストーリーを知る

好きな映画について語ろうとすると、人は、「この話はね……」と始める
ものです。物語が始まりそうだと悟ると、相手はきちんと耳を傾けます。
「この話はね、少女が登場するんだ。彼女は自分が本当は王女で、将来は
王族としての責任を負う運命にあるのだと知る」「この話はね、男が世界
を旅しながら、見知らぬ人とダンスするんだ」「この話はね、女の子が
吸血鬼と恋に落ちるんだ」といった具合です。

友人に映画の感想を尋ねたとき、彼女の答えが「特殊
効果が良かったわ」だったら、デートの感想を聞かれて
「彼はとても良い人だったわ」と言っているのと同じ
です。おそらく、その映画をたまらなく好きになること
はないでしょう。「昔々あるところに……」が視聴者を
物語に引き込み、90 分あるいはそれ以上、座席に
いたいと思わせるのです。

**誰も皆、ストーリーが好きです。
ストーリーを求めています。
ストーリーを記憶に留めます。
長くても短くても、ストーリー
を伝えると、動画はずっと
面白くなります。**

誰も皆、ストーリーが好きです。ストーリーを求めています。ストーリー
を記憶に留めます。長くても短くても、ストーリーを伝えると、動画はずっ
と面白くなります。

極限まで絞り込むと、ストーリーに欠くことのできない要素は 4 つに絞ら
れます。「ヒーロー、冒頭、中間、結末」です。どんなストーリーも、ヒー
ローと彼または彼女の状況を紹介することからはじまります。中間では、
その次にヒーローに何が起きたかを語ります。結末で、すべての顛末が
明らかになります。

ストーリーの4つの要素

冒頭：ヒーローが、飛び込み台に上ります。

中間：ヒーローが、飛び込みます。

結末：ヒーローが、勝利に酔いしれます。

ヒーロー：撮影者の観点では、物語の中心人物です。はじめて髪を切る日の息子、最優秀の従業員、あなたのバンドの歌手かも知れません。ともかく、誰かについての動画にしましょう（もちろん「誰か」でなくて「何か」もあり得ます。犬、油にまみれたペリカン、埋め立て地に運ばれる捨てられた段ボール箱でもかまいません。それを動画の主役にします）。

冒頭：複雑にする必要はありません。ストーリーのはじめに、ヒーローを紹介し、今どこにいるかを示し、今からどこへ向かうのか、視聴者はなぜそれを見ているのかを示します。

髪を切ることについてのストーリーなら、髪を切るのがどんなに楽しいか、2歳の子を説得している父親のショットではじめても良いでしょう。従業員に関する動画なら、彼女がカスタマーサービスへの電話に応答している場面からはじめることもできますね。ドラマーがスティックでオープニングのビートを刻めば、ミュージック動画だと分かります。すべてシンプルに、さわりだけ。

中間：何かが起こります。赤ちゃんは理髪師と出会い、サービス担当者は顧客の怒りをなだめます。バンドは街に出て合唱し、撮影者も外に出てそれを撮影します。複雑でなくてかまいませんが、何らかの展開が必要です。ヒーローが問題に立ち向かうと、ぐっと良くなります。たとえば、はさみの刃先が画面に向かってきたり、顧客の新車のタイヤが外れたりする場面を見せます。

TRY THIS

コマでストーリーを描く

次に動画を撮影する前に、題材が何であろうと、ストーリーの4つの構成要素を書き出しましょう。ヒーローは誰? ストーリーの冒頭、中間、結末で何が起こる?

新聞の漫画は、3コマで語るストーリーの宝庫です。新聞や http://comics.com などのサイトを見て、3コマあるいは4コマの漫画からストーリーの要素を見つけましょう。書き出す必要

はありませんが、ヒーローと設定(冒頭)、面倒な状態(中間)、ジョーク(結末)になっていることに注目しましょう。シンプルかつ洗練されたストーリーテリングです。

ストーリーをこのように分析する練習を積むと、ストーリーを構造から考える習慣が身に付きます。習慣になってくると、動画撮影の方法が、意識しなくても良い方向に変わっていきます。

結末:視聴者に届けたいものは何ですか? 結末には「解決」あるいは「まとめ」が必要です。たとえば、こんなシーンで締めくくります。理髪師から棒付きキャンディーをもらい、ようやく泣き止む息子。別の電話を受ける従業員の映像に、「彼女が自分の仕事が好きな理由は、顧客とのやりとりにある。たとえそれが怒りの声だとしても」と語るナレーションを重ねる。歌が終わり、バンドメンバーが楽器を叩きつけて壊す。

ストーリーの構造があると、動画はずっと分かりやすくなります。詳細まで作り込む必要はなく、長編映画並みの脚本を目指す必要もありません。余分な作業をしなくても、ストーリーのリズムを身に付けるだけで、動画は良くなっていきます。

「息子がはじめて飛び込み台から飛び込む」といった、単純なものを考えましょう。ストーリーの言語では、息子が「ヒーロー」です。冒頭:飛び込み台に緊張の面持ちで登っていきます。中間:思い切ってプールに飛び込みます。結末:笑顔で水面に顔を出します。

撮影前にストーリーのつながりを考えるだけで、カメラを構える場所や「録画」ボタンを押すタイミングのアイデアが浮かびます。つまり、適切な時に適切な場所にいて、狙った動画が撮影できる確率が高まるわけです。

||||||||||||||||||||||||||||||||||||||||||||||||||||||||||||||||||||||||||||

ヒーローの旅

面白いストーリーに登場するヒーローは、何かを求めているものです。どうやってそれを得たのかを語るのが、ヒーローについてのストーリーです。動画も同じことです。

　　冒頭：ヒーローが願いや欲求を述べます。中間：その願いをかなえようと、葛藤します。結末：困難を克服し、目的のものを手に入れます。

　　ヒーローは、ルーク・スカイウォーカーだけではありません。たとえば、自転車に乗る練習をしている自分の息子はヒーローです。補助輪なしで自転車に乗りたいと願っています。何度も転びます。そして最後に、倒れることなく、駆け抜けていきます。ヒーローの旅は、2分の動画で完結します。

　　悲劇のヒーローの旅もあります。この場合は、願いがかなわないまま結末を迎えます。「ハムレット」の結末では、全員が死んでしまいます。喜劇のヒーローの旅もこれと同じ構造です。「America's Funniest Home Videos」　は、20年間以上もこのような内容の動画を放送しています。お菓子を欲しがる男の子。目隠しをし、お菓子が詰まったピニャータを割ろうと、棒を振り回す。ところが棒は父親の股間に命中。確かに悲劇です。1つだけ**明らかなのは**、笑えることです。

　　ヒーローの旅ではない動画の実例を紹介しましょう（勘違いしているNPOのWebサイトがたいていこんな感じです）。冒頭：大きい環境保護団体の代表をしている科学者が、カメラに向かって自分の経歴を読みあげます。中間：彼女がどれだけ環境を気にかけているかについて、脈絡なしに、焦点のぼやけた逸話が次々に紹介されます。結末：彼女が経歴の最後の部分を読みあげて終了します。そしてフェードアウト。

　　隣人が謎のガンで倒れた後、彼女がどのようにして環境科学の道に入ったかを紹介するストーリーなら、彼女の苦悩が理解できたでしょう。彼女が貧しい家庭の出身で、博士号を取得するために夜間ゴミ処理場で働いていたことが紹介されたら、彼女を応援したでしょう。しかしそうではありません。彼女は果たしてきた仕事を順に読みあげ、うんざりするほど経ってようやく、この組織を率いていることを話しただけです。あくびが出ますね。

　　人生とは、闘いであり、もがき苦しむことです。それを見せない人には、興味を持てません。それが自然です。

Chapter 7

ショット単位で考える

本からいったん顔を上げて、周りを見回しましょう。何か特別なものを見て欲しいわけではありません。目的は、自分がいる場所をどうやって目で見て判断するかを理解することです。

目は、一箇所に長くはとどまらないはずです。首をひねります。目を動かします。何かに注意を引かれることもあれば、何もなければ、次、次と、目は移っていきます。

これは、人間の通常のふるまいです。祖先たちがセレンゲティ草原で、獲物や危険を見渡してきたのと同じことです。持って生まれた習性です。

スピーチの動画を観るように強制されたと想像してください。演壇の映像から始まり、登壇者がフレームに入ると彼女の腰から上が映ります。カメラの位置は、最初から最後まで固定です。手振り・身振りを使うタイプの登壇者なら、視聴者は、はじめのうちは興味を持つでしょう。しかしスピーチが進むにつれて、だんだん辛くなってきます。20分過ぎるころには、目を開けているのにも苦労します。開けていたとしても、何を言ったかは、ほとんど覚えていません。

別のショットへのカットがなく、動きもない動画を観ていると、息が詰まってきます。画面内では何も起こらず、画面の外は見えません。そして私たちの動物としての本能が、見落としているものはないかと疑問を持つのです。目は動こうと欲します。脳が「危険！」と叫びます。画面のすぐ外に、**ライオン**が潜んでいるかも知れません。

関連のない 4 つのショット……

…… 編集でつなぐと

動画の不要な部分を削除することをカットと呼びます。また、別々に撮った 2 本の映像を「つなぐ」こともカットと呼びます。別の視点からの映像に切り替えるのです。カットのない動画は、自然の法則に反しています。そこで神は（あるいは、1897 年の無名の映画制作者が）、**ショット**を発明してくださったのです。

2 時間の映画を作るのに、カメラを一切止めずに 2 時間撮り続けるハリウッドの映画監督はいません。映画にはたくさんの**カット**があり、ショットをつなげてできています。つまり、ある映像から別の映像へと、数秒ごとに切り替わるのです。カットからカットまでが、映画の最小単位です。この間の映像を**ショット**と呼びます（これが話をややこしくするのですが、**カット**とも呼びます）。目が退屈する前に、まったく違う視点からのショットに切り替わると、新しい切り口にすっかり注意が引き付けられます。それで興味が持続するのです。集中して見続けてもらうためには、ショットをカットでつなぎます。

すべての TV 番組と映画では、カットを使うことで、ストーリーや時間を縮めています（そう、「24 TWENTY FOUR」にだってごまかしはあります）。そうでなければ、本当に観たいのはカーチェイスなのに、登場人物が郵便物を開けたり鼻をほじっているところまで見せられることになります。

それに、**ショット**をつなげることで、意味が生まれ、豊かなストーリーを語れます。ここに、4 つのショットがあります。それぞれ 1 〜 2 秒で、カメラの位置は固定です。

視聴者はストーリーを想像します……

……散歩に出かけたいワンちゃん!

1. クロースアップの犬。じゅうたんに寝そべり、右に目を向ける。
2. 窓ごしに郊外の通りのショット。激しく雨が降っている。
3. 同じ犬が、左に目を向ける。
4. パチパチと燃える暖炉の横、ふかふかのソファに座った男性が、夢中でで本のページをめくる。

見ていないものがあることが分かりますか? この動画は、男性から犬、犬から窓へとカメラを移動させた一続きのショットではありません。事実、

TRY THIS

退屈な動画をプロレベルに

最近撮影した5分間のドキュメンタリー動画を用意してください(「ドキュメンタリー」とは、演技・演出なしに、実際のできごとを撮影した映像を指しています。子どもたちの入浴や、観戦に行った野球の試合といった映像はありませんか)。編集ソフトを使って、動画から不要なところを削除し、良いところだけを選んで残しましょう。

● 注目するものが新しいヒーローまたは新しいアクションに変わるたびに、それを新しいショットだとみなします(録画を止めていなくてもです)。45秒間、会話をしている2人を撮ったとしたら、それが1つのショットです。2人が会話している

間に片方を25秒間撮影し、その次にもう片方の人を撮影したのなら、2つのショットです。

● 各ショットで、被写体が決定的なアクションをする場面を探します(「赤ちゃんが笑う」など)。

● 1つのショットは長くても10秒です。アクションが明確に分かったら、そこで終わりにします。「ジムが一口すする」がアクションなら、ジムがカップを置いて耳をかくところは同じショットには含めません。

すべてのショットで余分な部分を削除したら、動画を見直して、好きではないショットから順に削除していきます。動画全体が2分またはそれ以下になるまで続けましょう。

男性、犬、窓を一緒に目にすることは一度もないのです。4つのショットは、ある意味、まったく関連がありません。男性、犬、窓を違う日に、違う場所で撮影した可能性もあります（映画だったら、おそらく別の日に違う場所で撮影しているでしょう！）。しかし、**視聴者はそれを頭の中で関連付けます。** カットでつないだショットから、視聴者は意味を理解するのです。

個々のショットの意味はわずかでも、組み合わさると、犬のストーリーが伝わります。外に行きたがっています。これが YouTube 動画なら、かわいそうな犬がこの次にどうするか、続きを観たくてたまらないでしょう。

カットなしの動画は退屈なだけでなく、実際的でもありません。リアルタイムで録画したら、再生にも撮影と同じだけの時間がかかります。

グループ練習：ランダム動画

これはワークショップや企業のトレーニングとしてお勧めの演習です。ショットで考えることに慣れるのが、目的です。結婚式、スポーツイベント、リハーサル、家族の集まりなど、イベントやグループでの余興としても楽しめます。

　　必要なのは、ビデオカメラと、動画を観るためのモニターまたはラップトップコンピューターと、大きい音で曲を再生できる機材です。

1. 自分が好きな曲（そしてグループの参加者も好むと思われる曲）を選びます。乗りやすいテンポの曲を選びましょう。イベントと関連している曲がベストですが（わずかな関連でもかまいません）、関係がなくても大丈夫です。曲の長さをメモしておきます。3～4分が最適でしょう。標準的なポップソングの長さですね。曲名は秘密にしておきます。

2. カメラのバッテリーはしっかり充電し、録画に十分なメモリ容量を用意します。巻き戻すか、新しいメモリーカードを装着するか、ともかくカメラに合った方法でカウンターをゼロに設定します。

3. 参加者に、こう説明しましょう。

　「本日のイベントをこのカメラで記録していきます。カメラを回しますから、全員が少なくとも1回はカメラを持ってください。カメラが回ってきたら、面白いと思ったことを1～3ショット撮影してください。自分の番が終わったら、カメラを次にの人に渡すか、分かりやすい場所に置いてください。1度に撮る時間は短くしてくださいね。3秒から、長くても5秒までです。音声は使いません。何かを言っても後で聞くことはないので、インタビューやジョークは意味がありませんよ。

　撮影は、カウンターが[＊3分20秒など、曲の長さを入れる＊]になったら終了です。それを過ぎたら撮影しないでください！ 終わったら、私が選んだ曲に合わせて動画を再生します。何が映っているか、楽しみですね」

4. はじめる前に、質疑応答をします。予想できる質問に対しては、前もって答えを用意しておきましょう。

　いいえ、面白いと思ったものは何でも撮影してください。ただし、長さは3秒から5秒程度にしてください。

人生における最高に楽しいイベントだとしても、リアルタイムで映し出されれば、それを観るのは拷問です。2時間のバレエリサイタルなんて、「殺してくれ」と言いたくなるでしょう。短いショットをつなげて3分にまとめてあれば、どんな様子だったかを思い出すのに十分なはずです。

人生は1度きりです。悟りを開く覚悟があれば話は別ですが、リアルタイムの再放送を観るのは避けたいものです。

ショットで語りましょう。ショットを意識して撮影することも、撮影後に編集することもできます。「少ない方が、多くを語る」の原則でいきましょう。

急がなくても大丈夫です。動画を観るのは［＊時間または鑑賞会の名前＊］になってからです。

いいえ、曲名は今は教えません。

いいえ、録画時に録音された音は使いません。この練習で使うのは、画像だけです。

5. 約束の時間になったら、カメラの動画と曲を再生できるように機器をセットアップします。動画が冒頭から再生されるようにし、曲をかける準備をしたら、両方で同時に「再生」を押します。まるで曲に合わせて撮影され、プロが編集した動画のように見えるはずです。

学ぶべき教訓：ショットを短く、面白いと思ったものを撮るだけで、良い動画への道の90パーセントは完了しています。この練習を通じて、偶然の素晴らしさを学習することもできます。アートは偶然によって生まれます。必要なのは、偶然が起きるがままにしておくことです。

注：参加者が多数いる場合には、曲とカメラを複数用意します。再生の時間になったら、ひとまとめにして「ランダム映画フェスティバル」を開催しましょう。参加者は、ほかの人の視点を面白がって見るでしょうし、自分の動画が映るのを楽しみにもするはずです。

この練習はグループでなくても、一人でもできます。今から撮影するホームビデオ（パーティー、家族の集まり、スポーツイベントなど）のテーマに合った曲を選びます。一度に撮る長さ（ショット）は短くし、曲の長さと同じ長さの動画を撮り終えたら、撮影を止めます。ここまできたら、先に述べたように動画と曲を同時に再生します。

iTunesがあれば、偶然をもっと楽しむことができます。あらかじめ曲を**決めずに**、5分程度の動画を撮影します。撮影した動画の長さを確認し、iTunesを開いて曲を「時間」順に並べます。そして、動画とちょうど同じ長さの曲を選び、動画と同時に再生します。

完成した動画を曲付きで誰かに見せたい場合には、動画編集プログラムを使って動画と曲を組み合わせます。

Chapter 8

すべての画で
ストーリーを語る

良くできた動画は、どんなに短い部分でも、1つひとつが完全なストーリーを伝えます。映画を小さい単位で区切ったら、そこにはヒーロー、冒頭、中間、結末があります。小さい部分が集まって大きい部分となり、それもまた完全なストーリーを語ります。より大きい部分が連なって一本の動画となり、それもまた完全なストーリーを伝えます。映画を例に説明しましょう。

この映画は、不幸にも家族を殺害された**少年**（ヒーロー）の物語です。少年は、奇妙な指導者や戦士たちがいる軍に入隊し、復讐を胸に、故郷の惑星からいったん避難します。邪悪で強力な敵に捕らえられ、逃走し、敵の軍を滅ぼすために反乱者の一団とともに戻ります。

シーケンスとは、映画のストーリーを区切る大きい単位です。この映画では、あるシーケンスで**少年**とグルが無法者たちの街に忍び込み、金で雇える宇宙船と船長を見つけるまでのストーリーを伝えます。彼らはオンボロ宇宙船の船長と出会い、敵の軍勢をかわして、辛うじて惑星から出発します。

シーンとは、シーケンスを小さく区切ったもので、1つの場所と時間で起きたことです。このシーケンスに含まれる、あるシーンで**少年**は、はぐれ者の船長とバーで出会います。会ったとたんに、いけ好かない人物だと感じます。

TRY THIS

被写体＋アクション＝ショット

ショットを1つの文章として考えることから始めましょう。小学校4年生の国語の時間に習ったように、名詞と動詞が必要です。名詞はショットのヒーロー、動詞はストーリーです。

自分に問いかけましょう。これは何についてのショットでしょう？ 1つの文章で答えられるなら、良いショットです。答えられなければ、そうではありません。「犬が、家の前を歩いていく」は1つのショットで伝える完全なストーリーです。「犬」だけなら、ストーリーとは言えません。

ショットは映画や動画の1つの部分で、途中につなぎはありません。たとえばバーのシーンの1ショットは、**欲深い賞金稼ぎ**（このショットのヒーロー）が、首に賞金がかけられた船長を見つけるアクションを示します。少年はこのショットに登場しませんが、このアクションは彼に影響します。映画全体のヒーローは少年ですが、このショットには登場しないため、このショットのヒーローではありません。

「スター・ウォーズ」は皆さんが作る動画よりずっと大規模で複雑です。それでも原則は同じです。動画にストーリーのない部分があると、進行が止まったように受け取られます。ストーリーのないショットが連なると、面白くないシーンになります。面白くないシーンが続いて、面白くないシーケンスになります。面白くないシーケンスが1つあるだけで、映画は台無しになります。動画のどこをとっても、1つひとつの部分に、ヒーロー、冒頭、中間、結末があるべきです。

誕生日の動画なら、「娘がケーキに手をのばす」ショットはどうでしょう。子ども用ハイチェアのトレーテーブルの上に、可愛いお皿に乗ったケーキが1つ（ヒーロー）があります（冒頭）。ぷっくりした1歳の手がケーキに伸びてきたかと思うと（中間のアクション）、**ズブッ**とケーキの真ん中に入ります。カット。ショットの結末です。

ホームビデオはたいてい、ショットを意識してさえいれば、ストーリーは自然に語られます。

あるショットの3フレーム

冒頭：ショットのヒーロー（ケーキ）が、ハイチェアのトレイに乗っている。

中間：ヒーローを脅かす手。

結末：我らがヒーローは、略奪者によって破壊される。

||||||||||||||||||||||||||||||||||||||||||||||||||||||||||||||||||||||||||||||||||||||||||||||||
ヒーローが複数の場合

ミュージック動画を作ろうとして、メインボーカルばかりが映像に映っていることに、ほかのバンドメンバーが不満だったらどうしますか？ 結婚式なら、花婿と花嫁がいますね？ 動画にヒーローが複数登場してもかまわないかって？

　その答えはイエスでありノーです。良くできた動画で、複数の人のストーリーを伝えているものもあります。しかし、そのような場合でもヒーローを選ぶ必要はあります。ピーター・ドラッカー（20世紀最高のビジネスコンサルタント）による名言に、ビジネスにおいて「成果をあげるための秘訣をひとつだけ挙げるならば、それは集中である」というものがあります。ヒーローに集中することは、動画の成功の秘訣でもあります。

　複数の主役級キャラクターが登場する映画もありますが、ヒーローは1人だけです。監督の仕事はヒーローのストーリーをしっかり伝え、ほかのキャラクターのストーリーをヒーローとの関係を通して伝えることです。

　誰がヒーローかを決めるのは、撮影者の仕事です。被写体に自分がそう決めたと伝えたり、承認を得たりする必要はありません。ウェディングビデオなら、「新婚夫婦」をヒーローにしてうまくいく可能性もあります。どちらにしろ彼らはいつもくっついていますから。でも、おそらくどちらか一方に重みをおくべきでしょう（ヒント：ウェディング業界のキャンペーンが花嫁をターゲットにしていることには、それなりの理由があります）。

　バンドなどのグループを被写体にする場合には、どんなグループにもリーダーがいることを忘れずにいましょう。誰かが、ボノであるべきです。ほかのメンバーを除外する必要はありませんが、少なくともあなただけは、リーダーをヒーローとして扱うと動画がより良くなることを認識しておきましょう。

　いったんヒーローを選択したら、次は脇役を決めます。彼らもまた、彼ら自身のストーリーの中ではヒーローです。そして、ストーリーにはどれも冒頭、中間、結末があります。もちろん、結婚式に臨む前の花婿の様子も見たいものです。ホールの前に歩き、花嫁を待っている様子がどうだったかは気になります。そして結婚式の後、幸せいっぱいの花婿も見たいですね。

　バンドならば、DJ、ドラマー、ベーシストのストーリーをたっぷり盛り込むと、面白い動画になります。メインストーリー（テレビや映画の専門用語では「Aストーリー」）ではメインボーカルを語っていても、同じことです。

　どんな状況でも、複数のヒーローがいるのは、ヒーローを決めないことへの言い訳でしかありません。複数のキャラクターを登場させるなら、それぞれ冒頭、中間、結末のあるストーリーが必要です。そのストーリーを見つけ、そのストーリーを語る映像を撮影します。

Chapter 9

短くする：
保存容器の法則

1978 年にアカデミー作品賞を受賞したウディ・アレン監督作品の「アニー・ホール」は、5 年以上にわたる複雑な関係のストーリーを伝えます。上映時間は 93 分です。皆さんが先週映画館で観た映画の予告編は、最長でも 2 分 30 秒です（「映画一本、まるまる見たような気分だ！」と思いませんでしたか！？）。大人気のスーパーボウルの TVCM は、たったの 30 秒です。Web ページの平均閲覧時間は？ 15 秒です。

企業紹介の動画なら、10 分は必要だと思い込んでいませんか？

そうではありません。「簡潔こそは智慧の心臓」「もっと欲しい気持ちにさせる」「たくさんの名言で章を埋めよ。読者は間違いなく退屈する」といった言葉があります。こうした格言の核心は、どれも同じです。「自分が伝えたいことを伝えるために必要とだ思う時間があったら、その 3 分の 2 を捨てましょう」と言い換えられます。10 分の Web 動画で伝えようと計画しているのなら、3 分にしましょう。完成した時にまだ長いと思ったら（興味をそそられなかったら）、もっと短くします。

短い動画を計画することには、次のような利点があります。

1. 時間を埋めようと、引き伸ばす必要がありません。「詰め物」とは退屈を表す別の言葉です。時間の制約が厳しければ、動画に含めるショットは、限られた時間を奪い合って競合することになります。強いものだけが生き残ります。

2. 皆さんの動画は、人々の注目を集めようと、さまざまなものと競い合うのです。動画の素晴らしさとは関係なく、短くすることで、最後まで視聴する人は間違いなく増えます。

3. ペースが早いと、進行の流れを感じます。多少面白みに欠けても、ほとんどの人は気付きません。

4. 計画が簡単です。個別のショットが少ない＝作業が減る！

5. 安上りです（撮影に何らかの費用がかかるのなら）。3分の1の長さにすれば、1分に3倍の費用をかけられます。もっと良い俳優を雇ったり、ちょっとした贅沢にお金を回せます。

短い動画の唯一の欠点は、作るのが難しいことです。計画と編集に時間がかかります。でも、それは深刻な欠点ではないでしょう。欠点というよりも、「チャレンジ」です。

これと保存容器は何の関係があるのでしょう？ キッチンに行けば、残り物を保存するための食品保存容器がいくつもしまわれていますよね。皿や鍋に残った食べ物をプラスチック容器に移す作業を数年して気付いたのですが、私が取り出す容器はいつでも必要以上に大きいのです。2～3倍の容量だったこともあります！ 脳のどこかが、残り物の量を実際よりもかなり多く見積もっているのです。来客をよく観察しましたが、誰もがまったく同じことをします。ほとんどの人の脳には、同じ奇妙な欠陥があるのだと、私は結論付けました。

どういうわけか、脳内の「動画見積り細胞」もまったく同じようです。最初に必要だと考えた長さがどのくらいでも、視聴者を引き付けておくには長すぎます。

TRY THIS

小さい容器を選ぶ

経験をたくさん重ねるまでは、動画に必要な長さを多く見積もってしまうでしょう。次回は、保存容器の法則を適用しましょう。最初に思った長さの3分の1にします。緊張感のある、面白い動画になること請け合いです。運に恵まれて、面白いものがたくさん撮影できたとしたら？ 大きい容器には、いつでも移せます。

||||||||||||||||||||||||||||||||||||||||||||||||||||||||||||||||||||||||||||||||||||||||||||||

グループ練習：フリーズフレームでストーリーを語る

定期的に動画を使用するグループ（動画講座、仕事、バンドなど）に所属している人は、この練習をグループで行うと、「ヒーロー、冒頭、中間、結末」の観点でストーリーを検討することが共通認識になります。

　　　　参加者を2～6人のチームに分けましょう。この練習は少し時間がかかるので、1度の練習では、最大でも4～5チームまでにします。

　　　　ある設定を伝えます。すべてのチームが、同じ設定を使います（「初デートでの大失敗」など）。各チームは設定を膨らませて独自のストーリーを考え、全員の前で披露します。

　　　　目的は、ヒーロー、冒頭、中間、結末が揃った、完全なストーリーを伝えることです。3コマ漫画のように、3つの場面だけを見せます。3つの場面には、動きもセリフもありません。チームのメンバーで「絵」を作るだけです。各チームは、「場面1」「場面2」「場面3」と続けて披露します。全チームがストーリーを発表したら、参加者全員に新しい設定を伝えます。

ルール：

1. すべてのチームに、同じ設定を同時に伝えます。設定はシンプルにして、結末は決めません。お題には「場所」と「ある種のアクション」を含めます。たとえば、はじめは、このような設定でやってみましょう。

- 世界最悪の医者
- 誕生会でのトラブル
- 偶然の出会い
- イマイチな野外活動
- 初デートでの大失敗
- 遊んでいる子どもたち

2. 全員が何らかの役を演じます。全場面に全員が登場しなくてもかまいませんが、チームの全員が、少なくとも1場面には登場するようにします。

3. 最初のストーリーのプランとリハーサルのための時間として、15分与えます。回数をこなすうちに楽にできるようになります。コツをつかんだら、プランニングの時間を短くしてもかまいません。

4. プランニングの時間が終わったら、すべてのチームが集まります。「舞台」となる場所を指定し、各チームにコマ割り漫画（3つの場面）を発表してもらいます。

5. すべてのチームが発表したら、フィードバックを行います。特に面白いチームがあれば、なぜそのチームに引き付けられたのかを話し合います。特に分かりやすくヒーローを示したグループはありましたか？冒頭、中間、結末を一番うまく作ったチームはどれですか？その理由は？

6. 別のお題で、同じことを繰り返します。

1時間も経てば、参加者全員が、基本的なストーリー構成の達人になっています。この練習によって、動画を伝達のための媒体として考える能力が、劇的に向上します。

Chapter 10

もっと欲しい
気持ちにさせる

即興芝居（インプロ）とは、台本なしの演技です。自分の頭以外は何も用意せずに舞台に上がり、観客を楽しませます。想像するよりも、ずっと難しいことです。私はキース・ジョンストン（素晴らしい指導者でありインプロの第一人者）の講座を受講したことがあります。そこでの演習は強く印象に残っています。

キースは、希望する人は誰でも舞台に上がらせ、ほかの参加者の前でしたいことを何でもさせました。制限はありません。俳優たちはいつでも、何をすべきかを言われるばかりですから、この講座はまるで路上の麻薬常習者に純粋なヘロインを渡すようなものです。観客になった者にもすべきことがあります。退屈したら、その瞬間に部屋から立ち去ると決められていました。誰が最も長く観客を引きとめていられるのかを競うのです。

観客側は、部屋を出て行くのを面白がっていました。つまり、俳優には観客を舞台に引き付けておくための時間はそう長くは与えられません。現在の動画を取り巻く環境とよく似ていますね。視聴者は退屈したとたんに、**クリック**して別のページに飛んでしまいます。

舞台の上から誰もいなくなった部屋を見ると、心が折れそうになります。失敗の痛手から立ち直り（上手に歌ったつもりが、15秒で部屋は空になりました）、ほかの人が嵐のような歓声を受けているのを見たとき（私よりもずっと面白いのです）、はっきりと分かりました。キースが教えていたのは「私には部屋にいる人を引き付けておく才能があるか？」を心配するのではなく、「どんな方法ならうまくいくか？　人々に見たいと思わせるのは何か？」を考えるべきだということです。

最初に学んだのは、「何がうまくいかないか」です。あるジャグラーがテクニックを披露できたのは30秒ほど。ある女性は、服を脱ぎ始めました。はじめの数分は面白かったのですが、彼女が脱ぐと決めていたところまで行き着くと、観客はすたすたと出ていきました。「見られるものはすべて見た」と察した瞬間に、立ち去るようでした。

観客を引きとめられる人は**いない**のだと思ったちょうどそのとき、1人の俳優が舞台に上がり、パントマイムを始めました。緊張し、神経質な様子で、ためらいがちにバスルームに入ると、掃除を始めます。洗面台を慎重に拭く彼からは、おびえが伝わってきました。洗面台に噛みつかれると思っているようです。洗面台の向こうを見ないように頑張っていることから、観客はそこはトイレだろうと理解しました。ほぼ5分間、この消極的な掃除人は、ほんの少しずつトイレに近付くのですが、必ずトイレよりも先に掃除する、別の場所を見つけます。彼の恐怖は、どんどん高まっていきました。シルク・ドゥ・ソレイユのピエロばりのテクニックで、トイレに近付いたり避けようとしたりすると、部屋は笑い包まれました。ついに、避ける余地がなくなり、トイレに手を伸ばして掃除することになりました。すると、トイレが攻撃してきたのです。トイレは手を尽くして彼を攻撃し、最終的には勝利を収め、彼をガツガツと食べはじめました。観客たちは夢中になり、爆笑しました。拍手喝采。部屋を出る人は誰もいませんでした。

この俳優が優れていたのは、好奇心の力を理解していたことです。彼の演技はどこをとっても思わせぶりで、必要十分な情報だけを伝えるように組み立てられていました。今にも何かが起きそうで、何が起きるかは分からない程度にストーリーを伝えることで、最後まで見届けたいと思わせたのです。観客を引きとめたのは、次に何かが起こるという期待です。

好奇心は、現代のエンターテインメントにおける最も強力な通貨です。「好奇心をそそる」とは、もっと欲しい気持ちにさせ……次に何が起こるのだろうと思わせることです。すべてをさらけ出したい気持ちを抑えましょう。説明はしません。じらすことで、好奇心を持続させられます。

本物の赤ちゃんを投げ上げるなら別でしょうが、素人レベルのジャグリングで観客を長く引きとめておくのは困難です。

J・J・エイブラムスが製作した TV シリーズ「LOST」は、全編が好奇心をそそるものでした。6 シーズンもの間、何が起きているのか、次に何が起こるのか、視聴者にはまったく分かりませんでした。

映画「ゴッドファーザー」は、はじめて見る男性（俳優）の「私はアメリカを信じている（I believe in America）」のセリフで始まります。彼がゴッドファーザーに頼みごとをしていて、それには対価が必要だと分かるまで 5 分かかります。しかし、何か危険で、普通とは違う、大変なことが起きていることは明らかです。観ているうちに、それが何かが分かってきます。監督のフランシス・フォード・コッポラは、「誰がどのような人物で、部屋の中のパワーバランスはどうなっているのか」を見定めるゲームに、観客を誘います。知りたいという欲求が、究極に高まります。

なぞ解きに引き込み、好奇心をそそるには、ショットで疑問に答えるのではなく、疑問を投げかけるのです。

ハウツー動画を作るなら、「こんにちは。スティーヴ・ストックマンです。これは、火の起こし方を説明する動画です。私は今グランドキャニオンにいて、向こうにあるのは私が集めた木の山ですよ」とは始めません。

差し掛け小屋の横で、薪の下に差し込んだたき付けを燃やそうと、マッチ棒をする誰かのクロースアップで始めます。視聴者は、すぐにいろいろなことを**知りたく**なります。場所はどこで、火を起こしているのは誰か、次に何が起こるのか？ 何も説明しなければ、食いついてきます。視聴者は画面にくぎ付けです。その後も説明しすぎないように気を付ければ、好きなだけ視聴者を引き付けておけます。

TRY THIS

中間から始める

皆さんが次に作る動画では、導入（冒頭）を飛ばしましょう。いきなり、始めるのです。何が起きているかを探る「ゲーム」が、視聴者の興味を持続させます。

「サプライズパーティー」の動画だとしましょう。暗い中、人々が家具の裏に隠れているショットで始まったら、なぜそんなおかしな行動をしているのか、知りたくなりますよね。バケーションを動画で撮るなら、スーツケースが山ほど入ったクルマのトランクを閉じるショットではじめます。バタン。視聴者には、あなたがどこかに行くのだと分かります。そしてもっと知りたくなります。

設定と結果をすんなりとは見せずに、じらす方法もあります。古くから言われる芝居の脚本のルールに、「第 1 幕で銃を見せたら、芝居の最後まで見せない」というものがあります。銃を見せるのは、視聴者の興味をそそる 1 つの方法です。どんなふうに撃つのだろう？ いつ？ 殺されるのは誰？

もちろん、銃はたとえです。スキーのジャンプを習っている人を撮るならば、大きくジャンプして空中に飛び出すヒーロー、バタバタと腕を振り回す様子、そしてフリーズフレーム。これで、視聴者はジャンプがうまくいったかどうかを知りたくなり、最後まで観ることになります。

準備：
プロの秘密

素晴らしい動画を作りたいからといって、何週間もかけて
準備をしたり、脚本を何ページも書いたり、大人数のクルーを
雇う必要はありません。

しかし、たいていの人は何の準備もせずに撮り始めます。
考えなし、計画なし、想像もしません。カメラを手に、
撮影に出かけるだけです。

「ゼロ」と「すべて」。
この両極の間に、皆さんのプロジェクトに
ふさわしい準備の量があります。

Chapter 11

ピッチ

私が脚本を書き始めたころは、「ピッチ」についてよく耳にしたものです。「言葉を話すサメの話だよ。この脚本をピッチしに、制作会社の XYZ に行くんだ」といった具合です。制作会社のエグゼクティヴに、簡潔な文章でコンセプトを説明し、売り込むのがピッチです。エグゼクティヴは椅子に座り、一日中、アイデアをピッチしにくる人たちの相手をしています。私には、ばかげたことのように思えました。100 ページもの脚本を書いたのに、なぜそんなことをしなくてはならないのでしょう？ ただ黙って読んでくれれば、済むはずです。

ある時、ピッチは自分が誰かに助けてもらうためにするのだと気付きました。そのアイデアをものすごく気に入った人は例外です。そんな人以外は、長ったらしい説明を聞く時間などありません。自分の映画を3文だけで説明できたら、ピッチを気に入ってくれた人は別の誰かに文章3つで説明し、その次の人へ……という連鎖が起きます。そして最終的には、ピッチを特に気に入った誰かが、実際に脚本を読んでくれます。そして、映画が実現するわけです。

動画とは本質的に、「ガーベジイン・ガーベジアウト」（ゴミを入れれば、ゴミが出てくる）です。はじめに方向性がないと、撮影は焦点がなく、結果も……焦点が定まらないままでしょう。

優れたピッチは、人に伝えやすいだけでなく、人に**伝えたい**気持ちにさせます。逆に言えば、とりとめのない10分間の一人語りでしか映画を説明できないとしたら、それを聞いた誰かが友人との話題に乗せることなど期待できません。

驚いたことに、映画をピッチするようになると、脚本家としての腕が上がりました。自分が何をしようとしているのかを自分自身で、本当に理解する必要に迫られたからです。動画にも同じことが当てはまります。

動画とは本質的に、「ガーベジイン・ガーベジアウト」（ゴミを入れれば、ゴミが出てくる）です。はじめに方向性がないと、撮影は焦点がなく、結果も……焦点が定まらないままでしょう。プロジェクトを真剣に突き詰め、1 〜 2 文に要約できれば、的を絞りやすくなり、最後まで集中して撮影に臨むことができます。どの時点でも作業を中断して、計画と現実を比べられます。「ピッチは何だったかな？ この撮影の方向性は合っているだろうか？」

「子どもたちがトランポリンで飛び跳ねているところ」よりも複雑なことを撮影するのなら、計画の第一段階としてピッチを考えます。適切なピッチは協力者を呼び寄せ、未来の視聴者をワクワクさせます。友人が手伝ってくれたり、上司が時間をくれたりする可能性があります。被写体になった人は、じっと座ってインタビューに応じてくれるでしょう。

目標は、計画している動画を 1 文〜 2 文に要約することです。たいていは、単純です。「一人で祖父母をはじめて訪問する、サラ」が動画のピッチなら、あなたの父親は観たいと思うでしょう。それに、祖父母を訪ねることがストーリーの中心だと示されているため、撮影の焦点もぶれません。

もっと複雑なピッチなら、ストーリー形式（冒頭、中間、結末）を利用すると簡単です。「オーケストラの指揮者のストーリー。彼は、自分が留守の間に妻が浮気をしていると思っている（冒頭）。オーケストラを指揮をしている最中に、妻の浮気にどう対処するかついて彼の妄想が膨れ上がる（中間）。しかし、それを実行に移すのは思うほど簡単ではないと気付く（結末）」（「殺人幻想曲」（原題：Unfaithfully Yours）、1948 年、プレストン・スタージェス脚本／監督）。

TRY THIS

ピッチの練習

YouTube や Vimeo で、再生回数の多い動画を 2 本観ます。その動画をピッチできますか？

同じことを、自分の最近の動画や計画中のプロジェクトでやってみましょう。プロジェクトを友人数名にピッチします。気に入ってもらえるでしょうか？

私が監督と脚本を手がけた映画「ラスト・トゥー・ウィークス」（原題：Two Weeks）のピッチはこうです。「4 人の兄妹が、重い病の母の最期を看取るため実家に戻ってくる（冒頭）。母親はしばらく持ちこたえ（中間）、兄妹たちは想定を超える 2 週間という期間を一緒に過ごすことになる（結末）」。

医療用 Web 動画シリーズ向けの短いピッチなら、こんな具合です。「医療従事者のチームが、糖尿病患者の家に上がり込み、患者に必要な健康管理と家のリフォームを行う」

形式に決まりはありません。ごく短く、興味をかきたてるように動画のコンセプトを説明することが目標です。できるだけ簡潔に、素早く。

ストーリーのない動画の構成

ストーリーがないとしても、動画を 1 つにまとめる何かが必要です。

学校のチャリティーイベントなら、時系列を柱にまとめられます。最初は早朝の学校です。誰もいません。次はがらりと変えて、子どもたちが夢中で遊んでいる校庭のショットを撮影します。大勢の子どもたちが遊びにやって来ます。子どもも大人も楽しそうです。そしてすべてが終わり、ハグと片付けの時間です。

もちろん、これは冒頭、中間、結末のあるストーリーです。撮影するショットそれぞれに、興味を引き付ける理由があり、冒頭、中間、結末がなくてはいけません。ヒーローの旅を語るストーリーではないというだけです。学校のコミュニティを「ヒーロー」だとすることも可能ですが、少し広すぎるように思います。

ストーリー以外の動画に構造を持たせるもう 1 つの方法は、別の構造を利用することです。最も簡単で、たいていうまくいくのは、音楽です。動画に音楽を組み合わせ、ショットとカットの流れを音楽に任せてしまうのです。ショットがきちんと撮影され、すべてが 1 つのテーマに基づいていれば、音楽を付けることで面白くも、感動的にも、エキサイティングにもなり、動画にまとまりがつきます。

ミュージック動画を見れば、これが本当だと分かるはずです。歌詞に合わせたストーリー仕立てになっていることもあれば、歌詞が「暗示する」ストーリーの断片をつないでいる場合もあります。あるいは、素直にパフォーマンスだけのこともあれば、この 3 つをすべて使っている場合もあります。楽曲が素晴らしければ、音楽のビートとメロディが流れを作り、どんな動画もひとつにまとめてくれます。

Chapter 12

自分の動画を知る： Part 1

どんな動画なの？ この質問への答え方の 1 つは、**ジャンル**を言うことでしょう。ジャンルなら、一言で簡潔に、動画に期待すべきことを示せます。

映画の分類は、お馴染みでしょう。アクション、ホラー、SF、組織に対抗する不良警官、伝記映画、ミュージカル、スポーツ物などがあります。皆さんも、好みのジャンル、好きでないジャンルはすぐに言えるでしょう。視聴者もそうです。そこがジャンルを考えるときのポイントです。

ジャンルには、視聴者が制作者に期待する、決まった構造があります。

ロマンチックコメディのジャンルなら、2 人が「キュートな出会い」をし、嫌いになり、恋に落ち、障害や誤解によってさまざまなトラブルが起きた後、再び恋に落ちます。視聴者は、意外な方法と意外な魅力によって、ジャンルに対する期待を満たしてくれるロマンチックコメディが大好きです。しかし、ハッピーエンドでなければ、期待は打ち砕かれ、数百万の女性は怒りとともに席を立つでしょう。

自分が作る動画のジャンルがはっきり分かっていると、そのジャンルに興味がある視聴者は、作品を素早く見つけられます。作り手の観点では、ふさわしい視聴者に素早く届けられることが利点になります。最初はジャンルを設定すること自体を窮屈に感じるでしょうが、やがてそれが便宜上のものだと分かります。一般的な慣習であり、視聴者が動画に何を期待するかを理解する手段です。視聴者を理解するのに役立つものは、すべて制作者の役に立ちます。利用しましょう。

ジャンル研究

YouTube に戻ってさらに研究しましょう。今週のトップ 20 くらいまでの動画をクリックします。同じジャンルで 2 つ以上の動画を探します。動画は、どの程度期待に応えてくれましたか？ 同じジャンル内でほかよりも目立つ動画には、どんな理由があるでしょう。たとえば、スケッチコメディ（笑いのある寸劇）の人気動画は、ほかの動画とは何が違いますか？

次に作る時には、どのジャンルの動画かを考えましょう。視聴者は何を期待しますか？ ブレインストーミングでリストを作成し、プランニングでは、主だった期待を念頭に置きます。むやみに期待に沿う必要はありません（そんな動画は何が楽しいでしょう?）。しかし期待を裏切るなら、視聴者にどう影響するかは意識します。

動画にもジャンルがあります。おそらく、今まで考えてこなかっただけです。ハウツー動画、「どっきり」動画、ミュージック動画、Web カメラでの一人実況動画（ラント）、スケッチコメディ、ストップモーションアニメーションなど、定義は変化し続けていますが、とにかく存在します。映画と同様、動画のジャンルも、どんな動画かを伝え、視聴者に期待を抱かせます。ジャンルに対する期待に応えていないと、視聴者はがっかりします。

ハウツー動画も**ミュージック動画**も、1 つのジャンルです。Photoshop の使い方が知りたいのに、魅力的な女性が登場して歌う場面を見せられればイライラします。逆の状況よりはましでしょうが、イライラすることに変わりありません。

スケッチコメディの動画なら、とにかく笑わせます。ミュージック動画なら、バンドと曲を冒頭から最後まで見せます。**ウェディング動画**には、「誓います」の瞬間が必須でしょう。**製品デモ動画**なら、その製品が気に入るであろう理由を明確に示します。**追悼動画**には笑いと涙が必要で、**職場の手順**の教育用動画なら箱の積み方が分からなくてはいけません。

視聴者の期待は、はじめは制限のように思えます。しかし、期待が分かれば、予想外の楽しませ方も考えられます。ロマンチックコメディのジャンルには、ひねりを効かせた作品がいくつもあります。いくつか例を挙げましょう。アニメーションのキャラクターと恋に落ちる男性（「魔法にかけられて」）、別々の人と「いつまでも幸せに暮らす」ことになるカップル（「(500) 日のサマー」）、78 歳の頑固な老人とカブスカウトの少年のブロマンス（「カールじいさんの空飛ぶ家」）など、いくらでもあります。

これらの映画は、ジャンルを基盤に、創造性を大いに発揮しました。皆さんもそうしましょう。たとえば、通常の結婚式の動画でも、式の後に友人や家族にインタビューして、それを中心に構成するアイデアはどうでしょう。全員に口を揃えて、「パティとジョンはまったく不似合いな相手を選んだ」と言ってもらうのも面白そうですね。

ジャンルは組み合わせることもできます。**ミュージカル風のハウツー動画**は、かなり面白いでしょうね。バンドが Photoshop の使い方を歌で説明し、画面にはデモが流れています。同じ女性を何百も複製して画面中で踊らせてはどうでしょう。イェール大学は、**学校紹介動画をミュージカル映画**風に仕立てた「That's Why I Chose Yale（私がイェールを選んだ理由）」で、注目を浴びました。

|||||||||||||||||||||||||||||||||||||||||||||||||||||||||||||||||||||||||
ユーモアの力を見くびらない

「サタデー・ナイト・ライブ」は、35 年以上も続く、長寿 TV 番組です。毎週土曜に放送される 90 分のうち、15 分ほどは笑えます。その 15 分のうち、とてつもなく面白いのは 2 分だけです。

　　　ずいぶん短いと思うかも知れませんね。そうではありません。15 分の笑いのためなら、75 分のつなぎを座って待つことなど苦になりません。人間にとって笑いは、依存症の人にとってのコカインです。その一瞬の爆笑を得るためなら、作り手は一生懸命に知恵を絞ります。番組がまだ続いているのは、番組のほかの部分を観ることに対する見返りが、十分にあるからです。同じくらい重要なのは、その 2 分が、たまらなく面白く、翌日には友人との話題にのぼることです。すると、翌週に対する期待が高まります。

　　　全人類が面白い人間ではありません。物事すべてが面白いわけでもありません。それでも、一瞬でもユーモアを含められるなら、そうすべきです。それが、視聴者に「もっと観たい」と思わせる最も即効性のある方法です。

Chapter 13

自分の動画を知る：
Part 2

映画は構成がすべてです。動画をどう組み立てるかは、成功に大きく関係する重要な要素です。映画には、構成をひとひねりした作品がたくさんあります。

映画の冒頭ではスクリーンは暗闇で、徐々に、巨大で燃えさかるような魔法使いの頭のクロースアップが出現します。「西の悪い魔女のほうきを持ってこい！」と、頭が叫びます。すると、炎と煙の向こうから、回想するブルックリン訛りの声が聞こえます。「彼女が私の鼻っ面をひっぱたいたその日、私にはわずかにたてがみが生えはじめたようだ。このとき、これは運命の出会いなのだと悟った」。次に、森の下生え越しのPOVショット（見た目ショット）にカット。木の下から黒い子犬が飛び出して、吠えたりうなったりしています。カメラが空き地に走り出る子犬を追いかけると、ギンガムチェックのワンピースを着た少女が手を振り上げ、カメラを**ひっぱたく**。暗闇。次に、腕を組んで踊りながら黄色いレンガ道を進む少女とライオンにカット……。

皆さんが知っている「オズの魔法使い」とは違いますね？ そうです。キャラクター、ロケーション、そしてショットの多くが同じでも、部分的にたくさんのアレンジが加えられると、全体としては別のものになります。映画は、まったく別の映画として組み立てることが可能です。映画に意味を与えるのは、**構成**です。

「オズの魔法使い」を再構成するならば、いくらでもやり方はあります。魔女の視点で語られていたら、どうなるでしょう（「Wicked（ウィキッド）」がそうです）。あるいは、20世紀初頭のアメリカで、迷子になった姪のドロシーを必死に探す、エムおばさんの辛く苦しい旅というバージョンはどうでしょう（こちらはまだ書かれていません）。

構成が変われば、違う映画になります。皆さんの動画も同じことです。ストーリーは、時系列で語っても、そうでなくてもかまいません。才能ある教師の視点から語ることも、落ちこぼれの生徒の視点から語ることもできます。建物の梁（はり）と同じことです。何を基盤にして動画を組み立てるかは、最終的にどう見えるかと密接に関係しています。

TRY THIS

動画の構成要素

新製品の小型ビデオカメラがあり、その販促用動画を作るとしましょう。「販促用動画」のジャンルが意味するのは、そのカメラならではの機能を説明し、購入につなげることです。ジャンルによる制約はあっても、構成は無限に考えられます。その中から1つを選択するために、可能な「要素」（動画を構成する基本要素）のリストを作るブレインストーミングからはじめます。

小型ビデオカメラの販促動画に使えそうな要素
● 広報担当者
● 使用中のカメラを見せる
● 満足している購入者
● 製品開発部の部長
● カメラを使用している幸せな家族
● カメラとコンピューターを簡単に接続できることを示すデモ
● 購入者が撮影した動画

● 可愛い動物
● グラフィックス
● ナレーション

このようにしてリストした要素のうち、どれをどう組み合わせるかは作り手にゆだねられます。新しいビデオカメラを売り込むトークやデモは、このジャンルの典型です。加えて、新しいレンズの画期的なテクノロジーが開発されるまでのドキュメンタリーも、このジャンルに有効ではないでしょうか。購入者がこの新製品を使って撮影した動画と、推薦の言葉を関連付けて見せるのも良いでしょう。まったく角度を変えたアプローチとしては、インタビューも使えます。製品開発部の部長へのインタビューと、バケーションで部長が家族と撮った動画を交互に見せるのです。

構成によって動画はまったく変わります。とはいえ、すべてが、ビデオカメラの宣伝につながり、ジャンルの期待に応えてもいます。

台本が
必要なとき

動画には、ストーリーが必要です。簡単に覚えられる量を超える会話や詳細があるストーリーを撮影する場合は、**台本**を用意します。台本と言っても難しく考えないでください。セリフや見せ方についての短い説明など、動画を文章で書き出したものだと考えましょう。

俳優を起用する場合や、セリフがある時には台本が必要です。複数のロケーションで撮影する場合にも、台本を用意します。動画のために貴重なリソース（資金や自分以外の人の時間など）を使う場合にも、台本が必要です。

台本と言っても難しく考えないでください。セリフや見せ方についての短い説明など、動画を文章で書き出したものだと考えましょう。

貴重なリソースを大量に費やし、プロのクルーや俳優を雇う場合は、すべてのシーン、すべてのロケーション、そしてセリフが書かれた台本が必要です。台本がしっかりしていれば、全員が同じ認識のもとに撮影を進められます。

長編映画の台本のような、プロ仕様の形式でなくてかまいません。映画やTV番組の台本の書き方を学びたければ、書店や図書館の棚にはずらりと本が並んでいます。しかし今ここでは形式にこだわらないでください。やり方はともかく、まずは大まかな撮影プランを何らかの形にすることが大切です。

単純に、撮影するシーンのリストでもかまいません。数行のセリフが書かれているだけで用が足りる場合もあるでしょう。ナレーターが話す内容と、撮影するシーンに関するメモの場合もあります。プロジェクトに合ってさえいれば、形式も内容も気にする必要はありません。

動画について、撮影前に文字にしておくと、ストーリーを良くするという困難な仕事を最もコストのかからない方法で実行できます。必要なのは、紙とペンだけです。書いて、書き直して、もう一度書く。こうしていくうちに、動画はまだ皆さんの頭の中にあるだけなのに、説得力を増していきます。

どうもピンとこないキャラクターがいれば、登場させないことにしましょう。ロケーションに設定したセントラルパークがうまくいきそうになかったら、そうですね……アクションを裏庭で展開することにしてみたら、どうでしょう。すべてが紙の上で済み、お金もかかりません。機材代を払う必要も、小金を渡して友人を呼ぶ必要もなければ、職場を撮影場所として使わせてくれるよう上司を説得する必要もありません。今のところは。

完成した台本は、制作プランを立てるための道具になります。大工の古いことわざに「二度測って、一度で切る」というものがあります。台本は、動画を評価（計測）する最初の機会です。必要なロケーション、俳優の人数、撮影する時間帯が分かります。

あなたとクルーとのコミュニケーションツールでもあります。台本にそう書いてあれば、撮影の現場で「本物のブタが必要だなんて、知らなかったよ」などと言う人はいないはずです。

TRY THIS

台本を書く

次に撮る動画では、台本を書きましょう。セリフだけのシンプルなものでかまいません。複数の場所で撮影するなら、場所とセリフを書きます。たとえば、こんな具合です。

「ママのホームクッキング」ブログ用動画

ロケーション：台所

アクション：ママが、ガラスのボウルから、丸めたパン生地を取り出す。

ママ：パン生地を練る時には、手に少量の小麦粉を付けて、パン生地を手前から奥に押すようにしてのばします。このようにひっくり返したら、手前にたたみ、もう一度奥に押し広げます。これを10分ほど繰り返し、柔らかくて弾力のある耳たぶくらいの硬さのパン生地にします。

これでも立派な台本です。複雑なことはありません。しかしこれを書くことで、実際に撮影する時には、ママは自分のセリフが分かっているし、撮影者もどんなショットが欲しいかが分かっているわけです。

Chapter 15

言うことがなければ、黙っている

「過ぎたるは及ばざるがごとし」は、動画のすべての側面にあてはまります。動画の登場人物が話す言葉も例外ではありません。作っているのは「動画」であり、「オーディオ」ではないのです。よくある間違いは、次のようなものです。

景色を説明する：フェードインで、徐々に画像がはっきりします。目を疑うほどの美男子が、白く美しい砂浜に立っています。彼の背後の砂浜に波が打ち寄せています。タイトルには、彼が**世界的に有名な監督のスティーヴ・ストックマン**だと書かれています。そして彼のセリフ。「こんにちは、スティーヴ・ストックマンです。世界に知られる映画監督で、世界で最も美しい砂浜に来ています」。このセリフのうち、本当に必要なのはどれでしょう？　一言も、要りません。スクリーンにすべてが映っています。視聴者は、私たちと同じく賢い人間です。見ることも、読むこともできます。

不要なことはせずに、カットして重要な情報を見せます。男性のセリフはこうです。「素晴らしい景色ですね。このオーストラリアの砂浜には、来年、駐車場として高層ビルが建設されます」。この言葉で視聴者は、ぐっと引き込まれます。前の動画より、6秒も早いタイミングです。映像に語らせましょう。

無駄な言葉、あいまいなフレーズ、明らかなことのくどい繰り返し：ある慈善団体（匿名にしておくのが妥当でしょう）の動画で使われていた文章を分析しましょう。「10億人を超える人口、活発な経済、熟練労働者のいるインドは、成長発展中の国家です」。この文章は、何が言いた

いのでしょうか？ インドが成長していることでしょうか？「アウトソーシング」という言葉がありますね。「アウト」という言葉が入っていますから、「外部にアウトソーシングする」とは言いません。動画でも繰り返しは避けましょう。

明らかなことをわざわざ言うだけでも、十分にうんざりです。さらに、これは動画で言いたいことですらありません。これは、インドを悲惨な貧困から救おうとしている団体についての動画です。「成長発展中の国」は的外れもいいところです。使い古しのあいまいな言葉です。動画制作者はインドが抱える問題だけでなく、素晴らしい点を挙げることで、「バランスを取った」つもりになっています。制作者の気分は良くなるでしょうが、動画の要点はあいまいになり、分かりづらくなるばかりです。

なぜ要点にズバッと切り込まないのでしょう？「経済の急成長にもかかわらず、インドには病気に苦しむ子どもたちがいます」という言い方は、非常に直接的で、恐ろしい感じさえします。現実の世界や現実の組織では、「～と言う人がいます」「～だと思います」「～の可能性があります」といった言葉で、自分たちの言葉をやわらげようとします。決めつけない方が、安心できるからです。動画では、通常ならやわらげる働きをするはずの言葉が、退屈で理解しがたいものになります。

同じ動画の中で、医師がこう話します。「幼児期を健康ですごすことは、社会に対する貢献という観点において、子どもたちの本来の可能性を引き出すものであろうと思います」。非常に間接的なメッセージです。「～の観点」と聞くと、わざとあいまいにしようとしている印象を受けます。「子どもたちの本来の可能性を引き出すものであろう」と組み合わさると、もうグチャグチャです。

動画は活字よりも情報量が豊富なメディアです。ストーリーそのものに加えて、音声や視覚情報が加わり、記憶に残りやすいのです。情報量が多い分、視聴者は繰り返しに対して寛容ではありません。

彼が言いたいのは「この子どもたちに健やかな日常がなければ、次世代のインドのリーダーとして成長することなど期待できませんね」です。あいまいな言葉でインタビューに答えた医師を責めるつもりはありません。誰でもそうします。しかし、それを**そのまま**動画にするのは、制作者側の大きいミスです。

TRY THIS

撮影前に削除する

最も弱い部分を取り除くだけで、動画は強力になります。紙の上なら、安上がりで、簡単です。台本に目を通し、余分だと感じる部分を調べる習慣を持ちましょう。以下にヒントを挙げます：

1. シーンのリストを作ります。各シーンを短い1文で説明します。たとえば、「会議室：ジャックはCIAのスパイをクリップで拷問している」「ロウアーイーストサイドの果物屋台：ドンが果物を買いに出かけると、2人組の男が銃でドンの胸を撃つ」といった具合です。リストを見直し、不要なシーンを探します。ダブっているところは省きましょう。

2. 「つまり」の後に来るものは、たいてい繰り返しです。「つまり」と、その後の内容をできる限り削除する作業を一度行いましょう。

3. 台本を誰かに大声で音読してもらいます。映画やTV番組では、俳優がテーブルを囲んで台本の読み合わせを行います。これは「テーブルリード」と呼ばれます（そのものずばりの名前ですね）。すべてが音読されるのを聞くと、余計な部分がはっきりします。辛いと感じるかも知れませんが、完成した動画を友人の前で再生する時に問題が判明するよりはましです！

繰り返し：本を読んでいて、100ページの間登場しなかったキャラクターの名前が突然出てきたら、分かりづらいと感じます。

夫を家から追い出したのはクリッシー、それともクリスティンだっけ？ 小説家は「クリッシーはリハビリセンターを出て石畳を歩いた。センターの門のそばには、怠け者の夫が待っているが、その表情は人待ち顔ではなかった」のようなフレーズを時折挟み、読者が登場人物を忘れないようにします。

動画は活字よりも情報量が豊富なメディアです。ストーリーそのものに加えて、音声や視覚情報も伝えるため、記憶にとどまりやすいのです。動画なら、キャラクターが30分間画面に登場しなくても、姿を見たり、声を聴いたりすれば、そのキャラクターを即座に思い出します。

情報量が多い分、視聴者は繰り返しに寛容ではありません（意図しているなら別です。「恋はデジャ・ブ」（原題：Groundhog Day）や「メメント」（原題：Memento）は繰り返しを利用した例です）。私自身、編集後の映画を観て、ようやくそこで繰り返しに気付くことがあります。たとえば、ある俳優が2つのシーンで同じ感情を表現しているなどです。紙の台本で、類似を見逃したのでしょう。どちらにしろ、繰り返しは削除です。

Chapter 16

場当たりでは、うまくいかない

台本がない？ 問題ありません。

プランがない？ 決定的なミスです。

地球に落ちてくる巨大な流れ星を撮影しようと、急いでカメラを取り出すなら別ですが、プランは常に持つべきです。プロと自認する動画制作者が、プランなしに撮影することなどありません。幸い、時間がかかることでも、難しいことでもありません。

ライフイベントにはたいてい、台本があるものです。イベントに先立って「台本」を考えることがすなわち、プランです。結婚式、卒業式、株主総会などは、プログラムに沿って進行します。事前に入手が可能でしょう。家族の休暇旅行なら、旅程表があります。誕生会や野球の試合など、計画なしに進行するように思えるイベントでも、何らかの段取りがあるはずです。段取りがまったく存在しないイベントでも、ある程度は予測が可能です。はじめて訪れる遊園地、レストラン、運転免許センターなどでもない限り、次に何が起きるかは、想像できます。

TRY THIS

撮影前にピッチする

次に撮影する時には、ストーリーを探しましょう。バーベキューパーティーのように、台本がなく、自然に進行するイベントを撮るときでも同じです。

はじめは、メインキャラクターについて考えます。ヒーローは誰？ ほかに重要な人物は？

アクションに注目します。イベントの冒頭、中間、結末には何が起こりそうですか？ 何が起こってほしいですか？ この動画をピッチするなら、何についての動画だと言いますか？ そのイベントを撮影する理由は何ですか？ どういった気持ちで撮影に臨みますか？

しっかりと準備を整えたい？ それなら、質問に対する答えをリストにしましょう。あらかじめ記憶にとどめておけば、その場で適切な選択が行えます。

どんな動画でも、撮影を始めると状況は変化します。しかし、だからといって無計画で良いわけではありません。

卒業式をはじめ、多くのイベントには、
ある程度型にはまった段取りがあります。

重要なショットを予測しておくと……

…… それを記録できる可能性がずっと高まります。

作為なしに、日常のできごとを撮る場合も、言い訳は無用です。何を見て何を撮影したいのか、計画したり、想像したりすることに、ほんの少しでも時間を使いましょう。

息子が通う高校の卒業式を撮るなら、台本を書いたり、指示を出すことはできません。しかし、彼がどこに立ち、自分がいつ、どのくらい近くに寄れるのかと考えることなら、3分もあればできます。関係するであろう人物と、その人たちが何をしそうか（「卒業式ではいつも、おばあちゃんが泣く」など）を少し考えるだけで、動画の質は**かなり**高くなります。

心に残るホームビデオやドキュメンタリーは、ストーリーを語ります。ストーリーは、編集室から魔法のように現れるわけではありません。撮影よりも前に、作り手が頭の中で想像するのです。

Chapter 17

ショットリストを使って計画する

動画制作は基本的に共同作業です。あなた一人ではありません。撮る側の人間と、撮られる側の人たちがいます。台本もあります。場合によっては、クルーもいます。そして、天気、イベントなどが撮影に影響します。当然、すべてが計画どおりに運ぶはずはありません。脚本、プロデュース、監督、撮影、編集をすべて自分で行っている場合は、把握すべきことがたくさんあります。

たくさんの情報をすっきり整理する最も簡単な方法は、**ショットリスト**です。

ショットリストとは読んで字のごとく、動画に含めたい全ショットのリストです。私は、撮影には必ずショットリストを持参して、撮影を終えるたびにチェックマークを付けています。余裕がなくなったり、分からなくなった時にはいつでもその紙に戻り、ストーリーを伝えるのに十分な動画を撮れているかどうかを確認します。

ショットリストとは読んで字のごとく、動画に含めたい全ショットのリストです。

ショットリストの作成は、撮影したいショットすべてについて、ブレインストーミングで長いリストを作ることからはじめます。正解・不正解はありません。思い浮かんだことはすべて書き出します。前にも説明したように、ショットは、名詞と動詞の組み合わせです。「花嫁がケーキをカットする」はショットです。「花嫁」はショットではありません。

スケッチコメディ用にショットリストを作成する場合には、台本全体を「名詞＋動詞」で書きます。

親戚の集まりなど、ドキュメンタリーを撮影する時には、親戚全員と、インタビューで彼らに聞きたいことをリストアップしましょう。そして、予想します。親戚が集まったら何をしそうでしょうか？ 笑えるようなことが起きるでしょうか？ 感動的なことは？ 盛り上がるようなことは？ すべてリストします。

リストに質問を加えましょう：カメラを持ってどこにいれば、楽しい撮影になるだろう？ ストーリーをしっかり伝えるために必要な、特別な詳細はあるか？ 焼いているハンバーガーのクロースアップ？ ひいおばあさんと、いとこのイヴが20年ぶりに再会する瞬間？

台本があれば、撮影対象の人物やアングルを変えて、同じシーンを何度でも繰り返し撮影できます。これは「カバレッジ」と呼ばれます（183ページの「台本のある動画を撮影する」参照）。スケッチコメディ用にショットリストを作成する場合には、台本全体を「名詞＋動詞」で書きます。「シンディが、ドアをノックする」。「ジョンが、ソファの後ろに隠れる」。「シンディは家賃を払えと督促し、合鍵を使ってドアを開ける」。「ジョンはうろたえ、シンディに愛していると告白する」。次に、ブレインストーミングでさまざまな観点を洗い出します。ジョンの視点から激しいラブシーンを撮影し、次はそうですね、シンディの視点でしょう。

アイデアが尽きるまでリストアップ作業を続けます。現実には撮影できないほどリストが長くなったら、おめでとう！ 上出来です！ 次は、心からワクワクするショットを選びましょう。それが、ショットリストです。

ショットリストの例

ショットリストは非常に重要なツールですから、作る過程をひと通り説明しておきましょう。これは、30秒のテレビコマーシャルの台本です。クラシックロックのラジオ局から実際に受けた依頼で、私が監督しました。このショットリストは、誕生会の撮影に必要なリストよりもずっと詳細です。詳細さの度合いは違っても、作成の過程はまったく同じです。

KZPS、ダラス
オペラでの渇望：30 バージョン 1.1　撮影用ファイナル

冒頭は、特に際立ったところのない、33 歳くらいの男性のミディアムクロースアップ。オペラが上演される劇場で、客席に座っている。よそ行きのスーツだとはっきり分かる服を着て、襟元にはカーネーション。これは大そうなイベントだ。隣には、同じくフォーマルな装いの妻が座っている。周囲の観客たちも、身に着けているのは高級スーツやブラックタイばかり。

情感たっぷりにワーグナーのオペラの歌唱が聞こえる。くだけた雰囲気はかけらもない。男性はいかにも退屈そう。彼の周囲の観客はうっとりと聞きほれている。

カット：ステージ。がっしりと大柄で、ドイツオペラの典型のような俳優が、
　　　　角つき兜と毛皮をまとって歌う。

男性にカットバック：うとうとしかけている。妻が彼をにらみつける。男性
　　　　　　　　　　は姿勢を正す。

VO（ボイスオーバー）：偉大なクラシックロックを聞きたいと、渇望するときがあります。

男性がジャケットの前を開ける。誰も自分を見ていないことを確認し、ヘッドフォンをつける。

ECU（超クロースアップ）：ラジオにクロースアップすると、92.5 にチューニングされている。ZZ トップのヒット曲のサビが流れる。

VO：92.5 KZPSは 1 時間ごとに、45 分のクラシックロックをコマーシャルなしでお届けします……

カット：男性の顔。退屈な顔が一変し、想像を超える楽しみに浸っている。

ステージにカットバック：いつのまにか、歌手たちは長いひげと帽子姿に変わり、まるで ZZ トップだ。曲に合わせて口パクし、演奏している。

カット：男性が笑顔で、舞台を見上げている。

カット：別の曲のサビ。ステージには、オペラ歌手。手前の 2 人は、歌い、ギターを弾いている。歌手の方はロバート・プラントのような、とても長い髪。飛行船（Zeppelin）につかまった女性が、ステージの後ろを飛んでいく。

カット：ステージ、その後。別の曲のサビ、今度はフィナーレとしての
　　　　ザ・フー。オペラ歌手たちは、腕を大きく振り回しながらギターを
　　　　鳴らし（ウィンドミル奏法）、楽器を叩き壊している。

VO：クラシックロックが必要なとき、1 時間に 45 分、コマーシャルを
　　　　はさまずにお届けする唯一のラジオ局があります……

カット：男性は立ち上がって賞賛の声を上げ、ライターを掲げる。そして、
　　　　口笛を吹く。突然の静けさ。周りの人は座ったまま。彼をじっと
　　　　見ている。舞台の上の歌手たちも歌をやめ、普通の状態に戻り、
　　　　彼をじっと見ている。

カット：男性はきまり悪そうに着席する。妻は恥ずかしさに顔を覆う。ロゴが
　　　　表示される。別の曲のサビが流れ、アナウンサーの声が聞こえる。

VO：92.5 KZPS。ダラスフォートワースで**唯一の**クラシックロック
　　　　専門局。

この台本から、ブレインストーミングでたくさんのショット候補を出し、
リストアップしました。セリフまたはアクションごとに、複数の撮影方法
を考えます。

ブレインストーミングによるリスト：

- 劇場の外観のエスタブリッシングショット

- 観衆の中でオペラを鑑賞する男性と妻

- 男性はとことん退屈し…… 妻はうっとりと楽しんでいる

- 妻は彼の腕を取り、微笑みかける

- 男性はうとうとする…… 妻は肘で男性をつつく。男性は目を覚ます。

- 男性の肩越しに、オペラの舞台が見える

- 「川」の反射のクロースアップ

- 太った女性が歌う

- 男性が**こっそり**ヘッドフォンを着ける

- ウォークマンの電源を入れる

- 表示されたラジオ周波数のクロースアップ

- コートから引っ張り出したヘッドフォンのクロースアップ

- 妻が見ていないことを確認する男性のクロースアップ

- 男性が再びステージに視線を戻し、驚きに目を丸くする

- ウェストアップ。オペラ歌手が ZZ トップそっくりのひげをつけ、曲に合わせて動いている

- 男性がにやりと微笑む。オペラが好きだ！

- 自分をつねる

- 妻を確認する。顔の前に手をやる？

- ラジオをオンにする

- 姿勢を正し、前に乗り出す

- エキストラは、男性を見ずに、オペラに集中する

- 飛行船から歌手がぶら下がり、ステージを滑走する

- 観客のすぐそばで、逆方向にドリーでカメラを移動させる？

- メインの歌手がツェッペリンの歌を口パクする

- 曲のクライマックスで爆発。クロースアップおよびミディアムクロースアップ

- ステージでギターが破壊される瞬間

- タウンゼントのウィンドミル奏法

- ダルトリーのマイクさばき

- マイクスタンドを蹴とばす
- ドラムを蹴とばす
- 男性がライターに火をつけて立つ
- 動きを止めたオペラ歌手たちのスリーショット。彼らは、男性を見つめている
- 指揮者もじっと男性を見る
- どのショットにロゴを入れる?
- 男性が、ロックを聞いているのが自分1人だと気付く。座って、何事もなかったかのようにふるまう
- 妻のリアクション(さまざまなパターン)
- 男性がフリスビーを投げるなど、別のアクションはどうか?
- フリスビーがステージの上に落ちると、オペラ歌手は動きを止めて見上げる
- 男性が妻にフリスビーを差し出す
- 音楽:ZZ トップ、ザ・フー、レッド・ツェッペリンのファイナル?

TRY THIS

リストを作る

パーティーのショットリストなら、欠かせないショットを5つもリストすれば十分でしょう。3分間の料理デモなら、リストは40を超えるでしょう。

ショットリストはツール(道具)です。リストの長さと複雑さは、皆さんの必要に応じて変わります。

料理デモに応用できる手順を紹介します。

1. ストーリーに注目しましょう(料理動画なら、手順です)。ブレインストーミングで、必要**そうな**ショットを洗い出します。可能な限りたくさんのアイデアを出します。以下を検討します:どの手順をクローズアップで見せる? 語りだけで済む手順はどれ? クローズアップと言葉の両方が必要なのは、どの手順? 料理の手元は、どのアングルで見せる? 背の高いボウルで混ぜる時には上から、材料を切るときならサイドが良さそうです。

2. リストが十分な長さになったら、実際に撮影するショットを選びます。最終的な編集後の動画の順番にショットを並べます。忘れていることはありませんか?

3. 撮影する順番に、リストを並べ直します。料理動画ならおそらく、手順と撮影順は同じでしょう。しかし、焼く「前」のオープニングで、見事なチーズケーキを見せたいこともあるでしょう。この場合にはオープニングを最後に撮影することになります。

次に、気に入ったショットを選び、その日に撮るショットのマスターリストを作成します。撮影の前に、撮影順にショットリストを並べ直します。大規模な映画のセットで、ストーリーの進行どおりに撮影することはめったにありません。たとえば、ある映画の中で、キャラクターは同じロケーションに何度も戻ってきます。キャラクターが移動するたびに、映画クルー全体が移動するのは大掛かりな作業です。その手間を省くために、ショットリストを並べ直し、最も効率よく撮影できる順番で撮影します。

このCMでは、ステージと観客、真逆の2方向を撮影しました。それぞれ俳優も照明も異なり、その2つが同時に映ることもありません。ショットごとに機材や重い照明を動かさなくていいように、最初に観客のショットをすべて撮り終えてから、ステージのショットを撮影しました。正しい順番に組み立てたのは、撮影の後、編集室の中です。

このリストがあれば、見当違いな方向に進むことがなく、最後に重要なショットがないことが判明する悲劇も回避できます。それに、現場で思い付いたさまざまなアイデアを試すことが可能です。（完成版のコマーシャルは、www.stevestockman.com/examples 「Shot List: The Opera Spot」（英語））でご覧いただけます。

撮影順のショットリストは、以下のようになりました。

ショット番号	説明	メモ
1	**退屈している男性** オペラの観衆に目をやると、その中に夫婦がいる。男性はすっかり退屈し……妻は楽しんでいる様子。 別アクション1：妻は男性の腕に手をかけて、微笑みかける。 別アクション2：男性はうとうとする。妻が男性をにらむ。男性がはっと目を覚ます。	
3A	**ラジオをオンに（ワイド）** 男性がコートのポケットからこっそりラジオを撮り出し、ヘッドフォンを装着する。誰にも気付かれていないことを確認して、ラジオをオンにする。	このショットでは、発光のエフェクトは不要。

ショット番号	説明	メモ
6	**ロックへの反応** ミディアムクローズアップ：男性はオペラを楽しんでいる。すっかり落ち着いた様子。 ピックアップ：別アングル。 ピックアップ：男性は妻をもう一度確認する。 ピックアップ：男性がラジオのボリュームを上げ、背筋を伸ばすと、前方に体を傾ける。	
9	**興奮と賞賛** 男性が立ち上がり、ライターを掲げ、夢中で声をあげる。人々の視線が男性に集中する。	
11	**正常に戻る** 男性は何事もなかったかのように平然と腰を下ろす。妻はあきれた様子。	ロゴグラフィックス用のフレームを追加（下3分の1）
12	**別エンディング：フリスビーを投げる** 男性が大いに盛り上がった様子で立ち上がる。ステージに向かってフリスビーを投げる。	
14	**別エンディング2：我に返る……** 男性が他の観客にフリスビーを差し出す。男性が腰を下ろす。	
3B、C	**ラジオをつける（タイト）** 上記と同じく、クローズアップ（CU）でカメラがラジオを追い、ラジオがオンになる。発光エフェクト付き。 同じく、ヘッドフォンをクローズアップで追う。	光ファイバーケーブルの発光のようなエフェクトが、デジタルのディスプレイを示す。
4	**目を丸くする** クローズアップ。男性は妻に目をやり、彼女がヘッドフォンに気付いていないことを確認する。ステージに視線を戻し、驚きに目を丸くする。	
2	**肩越しショットのオペラ** 彼の肩越しに舞台を写し、壮大なオペラの全体が見える場所までクレーンでカメラを上昇させる。	音楽を再生して同期させる。同期点を確認する。
5	**ZZトップ** 3人のウェストアップ：オペラ歌手がZZトップになっている。	
7	**ツェッペリンにカット** オペラ歌手の1人はマイクを前にしたロバート・プラント、もう1人はギター奏者。女性歌手が、巨大な飛行船につかまってステージを横切る。	バルコニーのパンは可能か？

ショット番号	説明	メモ
8	**ザ・フー** オペラの海賊が楽器を破壊する。 アクション：タウンゼントのウィンドミル奏法。 ダルトリーがマイクを振り回し、マイクスタンドをひっくり返す。 ギターを叩きつける。 ドラムを蹴り倒す。	エアガンを発射する。
10	**オペラの反応** オペラが完全に中断する。歌手たちが、男性をじっと見つめる。	オーケストラの高さからの ショット。 下に、ロゴ用のスペース。
13	**別エンディング 2：オペラにフリスビーが落ちる** 歌のフレーズの途中で、オペラ歌手の足元にフリスビーが落ちる。 歌手たちは歌を完全に中断して、バルコニーを見上げる。	オーケストラの高さからの ショット。 下に、ロゴを入れるフレーム。

PART 3

ステージを
設定する

動画について考えましたか？ 素晴らしい。その他大勢から、
抜け出しましたよ。

何を撮影するか、計画は立てましたか？ 一部でも大丈夫です。
完璧です。

さて……

撮影にかかる前に、必要なことは何でしょう？

Chapter 18

カメラで ストーリーボードを作る

ストーリーボードとは、動画がどのような見た目になるかをフレームごとに手描きした絵のことです。ストーリーボードを見ると、俳優の位置、カメラアングルを読み取ることができ、アクションも分かります。ストーリーボードは、動画のプランニングに大いに役立ちます。また、自分がしたいことをほかの人に簡単に説明できます（俳優、上司、疑い深い親戚など）。

映画や広告の制作では、素晴らしい腕前のスケッチアーティストがストーリーボードを描きます。監督とストーリーの流れを話し、それを絵に描きます。魔法の力が働いているとしか思えません。本書のイラストは、レニー・リーサー・ゼルニック（Renee Reeser Zelnick）が描いてくれました。私が監督を務める仕事でも、このようなストーリーボードを描いてくれます。

ふだんから絵を描いている人なら、ストーリーボードは自分で描けます。絵が苦手なら、腕の良いアーティストに相応のお金を払って描いてもらうことができます。3つ目の選択肢は、カメラを使うことです。

ふだんから絵を描いている人なら、ストーリーボードは自分で描けます。絵が苦手な人でも、棒人間と矢印が描ければ、ストーリーボードには十分です。また、ストーリーボード作成用のソフトウェアもあります。シルエットの人間や背景が用意されていて、フレーム内の必要な場所に配置するだけです。そして最も簡単にストーリーボードを作成する方法が、カメラを使うことです。

昔の映画制作現場では、監督がスチルカメラを手に、台本をひと通り
リハーサルしていました。そして、手近な誰かをセットの所定の位置に
立たせ、写真を撮影したものです。監督は納得がいくまで、さまざまな
アングルで撮影しました。撮った写真の中から選んだ最も良いスチルを
大きいホワイトボードに順番どおりに貼りつけ、セットに置いたのです。
制作者たちはショットのセットアップをする前に、ボードを見て、次にす
べきことを確認していました。

現代でも同じように、プロの監督はショットをひと通り、リハーサルしま
す。違うのは、カメラをポケットに入れておきさえすれば、リファレンス
用のスチルをフリックで見られることです。ほかの人に見せるなら、iPad
に読み込んでおくと簡単です。ボードのように物理的に物があった方が
都合が良ければ、コンピューター上でスチルを並べて印刷し、全員に配
ることができます。

カメラを使って、動画を「事前撮影」することもで
きます。俳優（または代役）を使い、現場でひと
通りアクションとセリフを演じてもらいます。その後、
ショットをラフに編集して、見栄えを確認します。

即席のデジタルストーリーボード

撮影前にビデオカメラ（あるいはスチルカメラ
でも、携帯電話でもかまいません）を持って
セットをひと通り見て回ります。

友人を 1〜2 人連れ、結婚式の動画なら礼
拝堂に、卒業式の動画なら講堂に、事前に
足を運びます。新郎新婦（あるいは卒業生
総代）が立つはずの場所に立ってもらい、撮れ
そうなショットを探します。予想できるアク
ションをしてもらい、これも撮影します。

本番の撮影では、このときのデジタル写真や
動画が、自分が気に入ったアイデアのメモ代
わりのリファレンスになります。当日の変更は
あるとしても、事前の撮影をすることで、より
良い撮影のアイデアがたくさん浮かびます。

Chapter 19

あなたが好きな人を撮影する

世の中には、2種類の人がいます。スクリーンに登場して面白い人と、そうではない人です。私たちの仕事は、面白い人を見せることです。面白い人かどうかは、誰が決めるのでしょうか？ 撮影者です。いつでも、自分が好きな人たちを撮影しましょう。

TRY THIS

ドキュメンタリーで「キャスティング」する

いとこの結婚式のキャスティングなど、不可能です。しかし、式場に着いたら、撮りはじめる前に、目と耳を使って面白そうな人を見つけることはできます。参列者一人ひとりに注目し、その人が誰とどうかかわるかを観察しましょう。あたりを見回し、耳を澄まします。何か面白いことは起きていませんか？

撮影の合間にカメラを置いて、周囲を見ましょう。好奇心を働かせ、本当のストーリーを見つけましょう。誰が誰と一緒に式場に来ましたか？ どんな服装でしょう？ 楽しげに会話を交わす人、そうでない人はいませんか？

直感を信じて、興味を引かれる対象に時間をかけましょう。興味を引かれなければ、次に移ります。あなたが退屈なら、視聴者もつまらないのです。

街の様子や親戚の集まりなど、「なりゆきで」状況を撮影するのだとしても、カメラを向ける場所を決めることは、出演者を「雇う」ことと同じです。カメラのモニターで、目にとまったのは誰ですか？ 政治集会なら、用意された台本をそのまま読みあげているような候補者ですか？ それともどうにかスケジュールをこなそうと躍起になっている報道担当官でしょうか？ 娘の誕生会のスターは、明らかに娘でしょう。彼女の気を引こうとしている大人たちの中で、より魅力的にカメラに写るのは誰ですか？

台本のある作品なら、プロと同じようにキャスティングについても考えましょう。プロの監督は、素晴らしい演技を撮れるかどうかの可能性は、85パーセントが配役にかかっていることを知っています。レンズの前には、ふさわしい人を配置しましょう（残りの15パーセントが何か、数字好きの人のために説明しましょう。10パー

TRY THIS

台本のある動画のキャスティング

ハリウッドでは、撮影前にオーディションを行い、俳優の力量を確認します。監督は俳優に役を演じてもらい、俳優を「観察」します。オーディションの様子は、録画しておきます。監督は俳優にいくらか指示を出し、俳優の質問に答え、十分だと思うまで俳優の話を聞きます。

皆さんもまったく同じことができます。俳優を決める前に、台本を読んでもらい、想定しているアクションを行ってもらいます。気軽なオーディションでこれをこなせない俳優が、撮影日に劇的にうまくなることなどありません。オーディションに情けは厳禁です。しっかり選べば、後の苦労はずっと少なくなります。

オーディションは録画しましょう。素のままではそう目立たないのに、レンズ越しに見ると素晴らしい人がいます。その逆の場合もあります。大勢と話すなら、後で見返すための動画を撮っておかないと、重要な詳細を忘れてしまう可能性もあります。

「「美味しいピザ」のセリフは笑顔でね！」といったように、常に指示が必要なら、その俳優は適していません。2 回試してあなたの求める演技ができなければ、丁寧にお礼を言って次の人に進みましょう。テイク 20 まで待っても、それ以上良くなることはありません。断った俳優に対して、罪悪感を感じる必要はありません。デートと同じです。人としては素晴らしくても**あなたに**合っていないだけです。

オーディションは時間がかかりますが、妥協してはいけません！ 私はかつて、お勧めコメントを言ってもらうスタイルのコマーシャルで、実際に 400 本のオーディションテープを見たことがあります。そのうち 25 人を雇い、最終的なコマーシャルで使ったのは 5 人でした。そしてその 5 人は…… 見事でした。

企業動画に登場する社長など、俳優を変えられない場合は、非公式の「リハーサル」を行いましょう。できること、できないことを確認できます。台本を書き直し、社長が対応できない内容は削除します。削除できない部分がある場合は、難しいところをほかの人に任せます。登場人物を増やしたり、ボイスオーバーを追加するなど、方法はあります。

セントは黙って演技者に任せるべき時を知ること。残りの 5 パーセントは、必要に応じて俳優をサポートし、元気づける準備を整えておくことです）。

適当な俳優が見つからない場合は、その時点で 85 パーセントが失敗です。私がキャスティングに**十分な**時間をかけるのはこれが理由です。「ルックスが良いか？」よりもはるかに重要な質問は、「好奇心がそそられるか？」です。素晴らしい俳優は、もっと知りたいという気持ちにさせます。視聴者を画面に引き付けるのは、そんな俳優です。

秘めた好奇心を隠すことなく、堂々と表に出しましょう。もっと見たいと思わせるのは、誰ですか？

Chapter 20

スターを輝かせる
（Part 1：比ゆ的な意味で）

想像してください。私はあなたに、入場料を払った500人の観客の前でステージに上がり、6本のファイヤートーチをジャグリングするよう頼みました。できそうでしょうか？ レベル1：ほとんどの人は、500人の観客の前で、ステージに上がりたいとは思いません。レベル2：ステージに上がってもかまわないと思う人の中でも、6本のファイヤートーチをジャグリングできる人は限られます。レベル3：観客の前でファイヤートーチをジャグリングしたいと思う人でも、リハーサルなしに、ぶっつけ本番でジャグリングできる人はごくわずかです。

つまり、動画映えする人は、かなりの技術を身に付けているわけです。それに長けた人は、「役者」と呼ばれます。

それなのに私たちは、気が進まないこと、得意でないこと、実行するには準備が足りていないことをするようにと、出演者に頼みます。結果は、悲劇です。被害者たちは、非常に不安げな様子か、不安を陽気さで押し隠した様子のどちらかで動画に映ります。どちらにしても、視聴者は去っていきます。

友人が、ある動画を送ってきました。新刊の書籍を宣伝するために、出版社が作成したものです。人が好さそうな著者で、テーマについて詳しいようでしたが、どういう訳かテレプロンプターを読みあげていました。何とも、ぎこちない話し方です。著者のせいではありません。テレプロンプターを読みながら自然に話しているように見せるには、練習が必要です。非難されるべきは、動画制作者です。才能ある人材を格好悪く見せた罪により、ハリウッドでのキャリアは終わります。

つまり、動画映えする人は、かなりの技術を身に付けているわけです。それに長けた人は、「役者」と呼ばれます。特に優れた役者は「スター」と呼ばれます。映画、Webサイト、テレビ番組、どれもが彼らに群がって利益を上げています。スターは動画での自分の見せ方を非常に賢く管理しています。自分の得意なこと、そうでないことが分かっています。後者を避けるために、大いに苦心しているものです。

スターでない人は、どうすれば自分たちが格好よく見えるかが分かっていません。テレプロンプターを読むようにと提案されたら、「はい！」と言って読むでしょう。彼らにそうさせないことも、動画制作者の仕事のうちです。

撮影する前に被写体がどのような人かを考え、彼らの得意なことを見つけましょう。演技ができない人には、演技させません。インタビューをし、インタビューの断片から彼らのメッセージを伝えます。まったく話せない人の場合は、していることを撮影しておいて、ほかの人（ボイスオーバーを使う、別の人にインタビューして語ってもらうなど）に語ってもらう方法もあります。

TRY THIS

スターを輝かせる

タレントには撮影前、時間の余裕がある時に、会っておきます。撮影プランを見直して、あなたがしてほしいと思っていることをタレントがどの程度理解し、納得しているかを尋ねます。よく分かっていない場合（または勘違いしている場合……よくあることです）には、あなた自身がそのミーティングで判断します。彼らが何をどうするかは、あなた次第です。指揮をゆだねているのです！

タレントが得意でないことを知り、それをさせないようにします。

視聴者を騙すことはできない

隠しカメラを使ったふりをして、「どっきり」のニセ動画を YouTube にあげたいって？ 一度は、考えたことがありますよね!? 残念ですが、それはできません。この「できない」は、「許可できない」ではありません。本当に撮れないのです。理由を説明しましょう。

　舞台、映画、動画は、合意によるメディアです。視聴者との暗黙の合意があるのです。実際に起きたことではないと知っていても、現実として楽しみます。90 分ほどの間、疑いの気持ちを持つことをやめ、カメラの隣に立つ技術者が巨大な扇風機で風を送ってなどいない、宇宙人は本当に存在する、感情が高まれば突然歌い出すこともあり得るとして、動画を観賞します（疑念の一時停止）。

　素晴らしい俳優が演じる架空のドラマも、疑念を一時停止して鑑賞します。視聴者も映画制作者も、それが現実ではないと知っています。誰もがそれで納得しています。また、ドキュメンタリーや「リアリティショー」も疑念を一時停止して楽しみます。台本はなく、反応も本物だとして観ます。しかし視聴者は、編集の手が加わっていることも、おそらく（!）時系列に観ていないことも知っています。映画も同じことです。それでも、多かれ少なかれ、実際に起きたことに基づいているだろうし、スクリーンにいるのは実際の人々だと理解しています。

　不可能なのは、視聴者にはドキュメンタリーだと言い、実際には仕込んだ動画を撮ることです。それを楽しんで観られるのは、ジョークだと分かっている場合だけです（「ジ・オフィス」のようなシットコムは良い例です）。

　視聴者に「これは本当に起きたことだ」と告げたら、一時的に棚上げしていた疑いの気持ちを元に戻します。その状態の視聴者は、演技ではない、現実の反応を期待します。視聴者は逐一言葉にしませんが、現実の反応がどんなものかは知っています。毎日、現実の反応に向き合っているからです。

　動画は、うそ発見器です。発言したことが真実か否かを判断するための手掛かりを山ほどさらけ出します。疑念を一時停止することに合意した視聴者が相手でも、ハリウッドのトップ俳優が演技に真実を込めようとするのは、これが理由です。

　一流の俳優は、現実の人々がどう動き、反応するかを研究し、身に付けた演技法を駆使して、通常なら意識することのない顔の筋肉の動きに至るまで意識を働かせ、模倣します。腕の良い監督なら、俳優の演技に現実味が出るまで指導し、サポートし、操ることさえします。そして演技を編集し、クロースアップとワイドショットを組み合わせ、さらなる現実味を持たせるためにタイミングを調整します。

　すべての作品は、それが作りごとだとしても、視聴者との合意の上に成り立っています。

　視聴者との合意なしのでっちあげは、「疑念の一時停止」のルール違反です。視聴者は疑い深くなり、その感情は即座に怒りに変わります。でっちあげを観せられることは、望んでいないのです。

　「でっちあげ」を現実として見せる前に、考えましょう。俳優の演技力はどの程度ですか？ 撮影者の力量はどうでしょう？ 視聴者が真実を求めている時に、インチキでだませる確率はどのくらいでしょう？ 経験を積んだプロだけでチームを組んでも、難しい仕事です。

Chapter 21

ロケーション、ロケーション、ロケーション

動画にはすべて「場所」が必要です。あなたが、「場所」を選ばなくてはならない場合もあります。友人のレストランで短いコメディを撮影する場合もあるでしょうし、Webカメラでの実況動画にも背景は要ります。一方、場所が決まっている場合もあります。子どもの野球の試合なら、場所を選ぶことはできません。

どちらの状況も、選択肢はあります。

ロケーションが決まっている場合：ウェディングフォトグラファーを参考にしましょう。幸せなイベントが行われる場所をフォトグラファーが選ぶことはありません。しかし、結婚パーティーをどこで撮るかについては、たくさんのアイデアがあるはずです。

俳優をオーディションするのと同じように、ロケーションも試しましょう。カメラを持って、候補地を探しに行きます。

その教会が、1962年に建設された、巨大で醜い赤レンガの建物だとしたら、魅力的な背景を探して歩き回ります。聖堂の中のどこかかも知れないし、屋外でほころびはじめた桜の下かも知れません。あるいは、1ブロック離れた公園がぴったりだと感じることもあるでしょう。

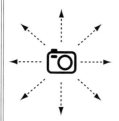

カメラを向ける方向を変えるだけで、まったく違う背景になります。完成した動画は、まるで別の場所で撮影したように見えます。

ドキュメンタリー映像を撮影する時には、自分の中から、ウェディングフォトグラファーを呼び出しましょう。ストーリーに合わせてロケーションを選択します。醸造所の貯蔵庫でインタビューするのと、配送センターで撮影するのとでは雰囲気はがらりと変わります。最適な背景はどこでしょうか？ 最適な光は？ 可能なら、被写体に最適な場所に移動してもらいましょう。

被写体が動かせないなら、自分が動きます。人は必ず、360度の背景に囲まれています。被写体の周りを歩き、ベストな場所を探しましょう（140ページの「同じ被写体を50とおりの方法で撮影する」参照）。

ロケーションを選択できる場合： 過去に魅力的だと思った場所を思い出しましょう。ヒーローとそのストーリーに立ち返り、撮影すべき場所の手掛かりを探ります。

窓から陽光が差し込むキッチン、大理石のカウンター、Viking製のガスレンジは、うらぶれたモーテルのホットプレートとはまったく違う情報を伝えます。2,000ドルのスーツを着た40歳の男でも、メルセデスベンツのハンドルを握っているのと、ベッドに腰かけ薄汚れた皿でトーストを食べている姿とでは、受ける印象はがらりと変わります。一方は影の実力者、もう一方はおそらく誰かになりすましているのでしょう。同じ男を両方の場所で目にしたら、恋人の家から出る前に朝食をとっているのだろうか、他人のクルマを運転しているのだろうか、などと考えることでしょう。ロケーションは、視聴者に、疑問と答えの両方を投げかけます。

ロケーションを登場人物と同じように考えましょう。適切な場所を見つけるためにかける時間は、それなりの価値があります。撮影者であるあなたが、カメラ越しの景色を好きでなくてはなりません。

ロケーションの現実的な問題を把握する： 優れたプロデューサーなら、最初に知りたいことの1つは、そのロケーションを撮影に必要な期間押さえておけるかどうかです。アパートを借りるなら（自宅で撮影する場合もそうです）、必要な時間に邪魔が入らないようにできますか？

近所の騒音は？ かつてこんなことがありました。土曜日に確認して、とても気に入った場所がありました。撮影をしに戻ったのは火曜日。隣家の新築工事が始まっていました。その時にはプロデューサーが現金を戦略的に利用して、音を止めてもらうことができました。予算のない撮影だったら大変なことになっていたでしょう。近所の家から聞こえる音楽や犬のほえ声は、何時間も続き、音を台無しにすることがあります。

良い照明が必要です。照明機材を持ち込む場合には、ロケーションまで運ぶ手段も用意します。ロケーションまで運転できますか？ 階段はありますか？ 電気は通っていますか？

キャラクターの服装もまた、ロケーションに関連する問題です。手袋、雪がかかった厚手のコート、マフラーを身に着けた俳優が、震えながら家に入る場面で、鮮やかなフクシヤの花が窓から見えていたら、錯覚は台無しです。

TRY THIS

ロケーションのオーディション

俳優をオーディションするのと同じように、ロケーションも試しましょう。カメラを持って、候補地を探しに行きます。それぞれのロケーションで、動画で使えるかどうかの観点から数枚撮影します。

一緒に行ってくれる友人がいれば、人物が立つ場所に立ってもらい、本番のショットに似た画を撮影します。撮影した写真または動画を見て、最終的な選択をします。

メルセデスベンツのハンドルを握り、前を見つめるスーツ姿の男は……

……うらぶれたモーテルの部屋にいる男とは別人に見えます。

Chapter 22

適切なカメラ

どんなカメラを使うかは、懸念事項のリストの最後でかまわないことがほとんどです。根気さえあれば、スマートフォンでも、魅力的な長編映画を撮影できます。

使用するカメラの台数が多すぎると、動画の質が低下します。おじいさんが20世紀の思い出に浸っているところを撮影するなら、スマートフォンが最適です（それに、ポケットやカバンにいつでも入っていますよね？）。カメラが大ぶりだと、おじいさんは照れて黙ってしまうかも知れません。必要以上の台数のカメラを持ち運ぶことに、意味はありません。

利用目的が分からないまま、たくさんのカメラを持って行く必要はありません。「セミプロ」モデルには、いくつものソフトウェアが搭載され、スイッチもたくさんあります。プロの撮影監督でもなければ、ここまでの機能は不要でしょう。セミプロモデルをお持ちで、いつでも使える準備ができている人には敬意を表します。そうでない場合は、理解できるカメラを選びましょう。ほとんどのファミリーイベントなら、ポケットサイズのビデオカメラで十分です。そのほかの用途でも、10倍ズームのビデオカメラがあれば、たいていは用が足ります。

それ以上の機能が欲しい場合にも、操作の習得に予想以上に時間がかかるカメラを買うのはやめましょう。

TRY THIS

機材を試用する

カメラを買うために店頭に足を運べば、気の利いた販売店なら、何種類かの候補を試すことができるはずです。経験は人それぞれです。自分にとって使いやすいモデルを探しましょう。テクノロジー好きなら、複雑なカメラのインターフェイスも簡単に理解できるでしょう。私を含め、そうではない人たちは、手に取って数分で使用方法が分かる、シンプルなカメラにしましょう。

カメラを持ってはいるけれども、使い方がよく分からない、使うたびに緊張するような人は、102ページの「機材を試す」をお読みください。

Chapter 23

素晴らしい商業用動画を撮るための秘密

誰でもかまいません。ハリウッドで働く監督に、セットで一日何をしているのかと聞いてみましょう。全員から同じ答えが返ってくるはずです。「質問に答えていますよ」と。どの色がいいですか？ この衣装はどうでしょうか？ カメラはどこに設置しますか？ あのセリフはどうでしたか？ もう1テイク撮りますか？

監督は、質問に答えて報酬をもらっています。監督の意見は、ほかの人に比べて、そんなに優れているのでしょうか？ 時には、「イエス」です。長い時間をかけて映画や動画の制作について学んでいれば、よほど間抜けでない限り、学んでいない人よりも良い決断を下せるのは当然です。そして稀に、非常に少数ですが、ほかの人には見えないことが見える真の天才がいます。

自作の動画なら、完成度について自分のこだわりを持つべきです。「これくらいで良いだろう」で妥協しません。制作委員会に決めてもらうこともできません。自分で決断します。良い部分を大事にするには、良くない部分を削除しましょう。

しかし経験と天性の才能を除けば、先ほどの質問に対する答えは、「ノー」です。監督の意見だからといって、ほかの人よりも優れては**いません**。監督が話を聞いてもらえるのは、作品の責任を進んで負っているからです。彼らは自分たちの考えを進んで発言し、主観的な選択についても（たとえば、色）、自分の意見が**唯一**の正しい意見だと断言します。

これが一般的な企業だったらどうでしょう？ 誰かが質問した時に、先頭に立ってきっぱりと答えを述べる人はいません。または、複数名の関係者がいて、答えが複数あれば、議論を重ね、評価をして一致できる結論に到達します。時には、自分なりの考えがない人もいます。単に、責任逃れをしようとしているだけのこともあります。ともかく、集団思考です。集団思考からは、創造性は生まれません。

監督は立ち上がり「さあ、こうしよう。始めて」と声をかけます。素晴らしい動画を作りたいのなら、このような態度をとるべきです。

TRY THIS

早期から、頻繁に「商品テスト」を行う

動画プロジェクトの間は常に、自分に問いかけましょう。**自分**がしていることについて、本当はどう思っていますか？ **あなた**は、心から気に入っていますか？ 追加したいと思うアイデアや、うまくいっていないと思うことはありませんか？ ほんの短い時間でかまいません。同僚や配偶者のことは忘れ、プレッシャーも跳ねのけましょう。自分のコンピューターで、**自分**がこの動画を再生した時に、最後まで観るでしょうか？ 動画制作の各段階で、このテストを繰り返します。

アート（動画制作はアートです）には、情熱が必要です。感情も必要です。周りに何と言われようと、勇気を持ち、心に決めたことを実行する、こだわりと意志がなくてはなりません。簡単な道ではありません。誰でもできることなら、すべての歌はヒットし、すべての本がベストセラーになるでしょう。スタジオが公開する映画はすべて良いできで、YouTube の動画はどれも同じくらいの再生回数になるはずです。

自作の動画なら、完成度について自分のこだわりを持つべきです。「これくらいで良いだろう」で妥協しません。制作委員会に決めてもらうこともできません。自分で決断します。良い部分を大事にするには、良くない部分を削除しましょう。決断し、その決断を背負い続けます。自分が気に入れば、視聴者も気に入るはずだと**考えましょう**。その逆も同じです。皆さんが退屈なら、観客もそうです。

商業用動画の制作は、矛盾しているように聞こえるでしょうが、アートです。報告書を作るようなやり方をしても、あたりさわりのない、そこそこの動画になるだけで、喜んで観る人などいません。**自分**にとって楽しければ楽しいほど、商業ベースで成功する確率も高くなります。

PART 4

また観たい！と思わせる動画を撮る

考えました。計画しました。構成を決めました。
次は、それをすべて利用して実践します。

これまでの準備は皆さんの役には立ちますが、撮影で重要
なのは実践です。撮影しながら、直感に従い、自分にとって
何が良い映像かを学びとります。

準備はいいですか？ カメラを回しましょう。

Chapter 24

頭で編集する

インカメラ編集とは、計画どおりの長さでフッテージ（映像）を順に撮影していく手法です。撮影が終わったら、その時点で動画全体の完成です。ホームビデオやドキュメンタリーの Web 動画、あるいは編集時間がとれない（とりたくない）場合は、ほとんどの人がこの方法で撮影します。

たいていは、特に意識することなくインカメラ編集を使用しています。手軽だからです。しかしこれからは、その手法を**意図的に**使いましょう。インカメラ編集は、素早い思考力と撮影スキルを鍛えてくれます。それに、とても楽しいのです。うまくいけば、高品質かつ魅力的な動画を最小限の手間で作れます。

撮影しながら先を読むことで、動画の流れを感覚的につかめます。これは、ほかの方法では味わえません。

先日出席した結婚式で、新郎からビデオカメラを手渡され、何か撮影してほしいと頼まれました。結婚式には何度か参列したことがあるので、おおよその流れは分かっています。一歩先を読むことで、式の要所要所で１つないし２つ、ショットを撮影できました。たとえば、参列者が向かう方向に先回りして、歩いてくる様子を正面から撮りました。先々のアクションを予測できたので（通路を歩いた後、次に行く場所が分からなくなった４歳のリングベアラーには、合図を送りました）、ショットの冒頭、中間、結末を予想して撮影場所をあらかじめ決めていました。その結果、編集なしにカメラの中だけで完成したのは、すてきな 10 分間のウェディングビデオです。

プロらしい出来栄えだったので、この家族のお祝いのテーブルには、今後も招待してもらえるでしょう。嬉しいことです。

インカメラ編集のテクニックを磨くと、台本のある動画の撮影も上達します。各ショットのアクションに集中すると、動画はずっと印象的になります。撮影しながら先を読むことで、動画の流れを感覚的につかめます。これは、ほかの方法では味わえません。

TRY THIS

実践、実践、実践

バースデーパーティー、会社の懇親会、公の式典など、リアルタイムで撮れるイベントを探しましょう。5～8秒以内のごく短いショットで、イベントをさまざまな角度から記録します。もちろん、もっと短くてもかまいません。時間軸に沿って撮影しますが、いつでも「次に起きること」に意識を向けておきます。

各ショットの冒頭から結末に至るまで、自分なりの直感を働かせましょう。特に注意したいのは、アクションがいつ始まり、いつ終わるかです。そのショットが終わりだと感じたら、録画を止めて次のショットを撮影します。撮影がすべて完了したら、通しで全体を再生します。編集がほぼいらない、満足のいくできの動画になっているはずです。

実践で経験を積めば積むほど、腕が磨かれていきます。

練習：3つのショットでストーリーを語る

この練習は、皆さんが自由に撮影できる場所ならどこでもできます。どんなイベントでもかまいませんが、ダンスパーティーやディナーパーティーなど、大勢が集まる場が最適です。

　　周囲に目を配り、何か面白いことをしている（しそうな）人を探しましょう。子どもがアイスクリームを食べている、幹部がトップに自己紹介する、といったシンプルなアクションで十分です。

ショット1：ヒーロー／ヒロインがやってくる

ショット2：ヒーロー／ヒロインは会話が
　　　　　途切れるのを待つ

ショット3：ヒーロー／ヒロインがトップに
　　　　　自己紹介をする

　アクションの冒頭、中間、結末を考え、短い
ショットを3つ撮影します。何と言っているかは重要
ではないので、音声は気にしません。大切なのは、
目に見えるアクションです。たとえば、こんな具合
です。

　決然とした様子で歩いてくる女性が見えます。
カメラを手に取り、ショット1：3人が会話している
ところに、先ほどの女性がやって来ます。「一時停止」
を押し、少し寄ってショット2：彼女は、3人の顔
を1人ずつ見ながら会話が途切れるのを待っていま
す。さらに寄ってショット3：彼女は片方の手を差し
出し、幹部と握手します。

　さてもう1人、被写体を探しましょう。練習を
したいだけですから、特別珍しいアクションや面白い
アクションを探す必要はありません。オードブルを運
ぶウェイターがいれば、（1）新しい来客のところに
行く（2）客が串を手に取るのを待つ（3）ナプキン
を渡す、という同じアクションを何度も繰り返すのが
見られるはずです。

　アクションを見つけたら、ショット3つで撮影
し、また次のアクションを探します。なるべくたくさ
ん撮影しましょう。1つのアクションを撮影するのに
かけるのは、1〜2分です。良い感じの動画でなく
ても気にしません。この練習の目的は、ストーリーと
して物事を見る習慣を身に付けることです。すべて
のショットで、動きや感情に注目しましょう。

　イベントが終わったら、再生して結果を確認
します。回を重ねるにつれて良くなっていますか？
1つひとつは平凡なアクションでも、全体としてはそ
れなりにまとまりがあり、見ごたえのあるドキュメンタ
リーになっていることに驚くはずです。

Chapter 25

ショットの焦点を定める

カメラのピントをしっかり合わせようと言っているのではありません。それはカメラが自動でやってくれます。ここで言いたいのは、視聴者に見せたいものに皆さんの意識を集中することです（したがってカメラもそれを記録します）。キャラクター、アクション、周辺状況が同じでも、誰に焦点を当てるかによって、ショットはまったく別のものになります。

前に述べたように、ショットの「ヒーロー」は、アクションを行う人やモノです（38ページ参照）。ショットにはヒーローが必要で、ヒーローがいないと、視聴者はフレーム内で見るべき場所が分かりません。ただし、1つの状況でいくつものヒーローが考えられます。1つ、例を挙げましょう。

ヒーローに集中しましょう。このショットでは、**銀行員**です。

ファーストナショナルバンクのオフィスで撮影していると想像してください。男性が女性に、「ローンの返済条件を変更することはできない」と言っています。このままでは、彼女は破産です。

男性がヒーローで、「男性がノーを言う」ところを見せるショットに決まっていると思うでしょう（46ページで説明したように、ショットは文章と同じように、名詞と動詞で構成されています）？ だって、話をしているのは男性ですから。しかし、同じセリフ、同じ状況、同じ瞬間でも、男性**以外**をヒーローとしてショットを撮影することもできます。すべては、「その動画で何を伝えたいか」です。

前のページと同じシーンですが、このショットでは
女性がヒーローです。

このショットのヒーローは、ウイスキーのボトルを
なでる銀行員の手です。

ナッシュビルに越してきたばかりのこの女性が
ストーリーの中心で、やがてはカントリー歌手
として成功するのだとしましょう。そうなると、
このショットが伝えるべきは、「女性が何かを思
い付く」瞬間です。その場合には、銀行員の男
性ではなく、男性が話している時の女性の顔を見
せるべきです。女性が何事かを思い付く瞬間を
ショットで示します。破産が現実になったことで、
人生が一変するのです。

銀行員がアルコール依存症だと示すことが目的
なら、このショットでは、男性がひどく酔っていて、
この気の毒な女性がどんな事態に直面している
かに気付いていないことを伝えます。この場合
にはたとえば、男性の**手**をヒーローにします。
女性からは見えない、机の引き出しに隠したウ
イスキーのボトルに手をかけています。

モノをヒーローにすることもできます。作ってい
るのがディザスタームービーなら、銀行員が話
し、女性がそれを聞いている時に、両者の間に
走る巨大な亀裂を「ヒーロー」として扱います。
ショットで示すのは「亀裂が広がる」ことです。

視聴者に理解してもらうには、ショットのヒーローとアクションを適切に
選ぶことが重要です。撮影者がショットの「誰または何」を焦点にすべき
か分からないなら、視聴者にも分かりません。

目的に注目する

この練習は、記録動画を撮影する時、あるいはカメラを持って職場や学校に行き、撮影の練習をする時などに行います。

録画を開始する前に、ショットのヒーローを決めます。図書室の机に座っている男性でしょうか？ページをめくる彼の手でしょうか？ 撮りたいのはどんなアクションですか？ そのアクションから何が伝わりますか？ 彼が鉛筆を口にくわえて噛んだら、それが1つのショットです。あなたを見て微笑んだら、それも1つのショットで、「指先で机をたたく」もやはり、ショットです。

数人の対象を見つけ、それぞれ、ショットをいくつか撮り、ヒーローを決め、アクションを見つける練習をしましょう。

いいですね、「録画」ボタンを押すのは、ヒーローとアクションを決めてからです。ヒーローは、フレームの中で、最も目立つ存在でなくてはなりません。見せたいところに、視聴者の目を誘導する方法をいくつか紹介しましょう。

- フレームの中をヒーローだけにします。そうすれば、ほかに見るものはありません。
- ヒーローが、フレーム内で最も大きく動くようにします。動かない群集の中を男性が走り抜ければ、視聴者の目は彼の動きに引き付けられます。
- 光をあてて、ヒーローが明るく見えるようにします。
- ヒーローを物理的にフレームの手前に配置し、ほかは背景になるようにします。
- レンズのズームを操作して、ヒーローだけにフォーカスをあて、周りは少しぼかすか、暗くします。
- 前景要素を使って、ヒーロー以外の動きが見えないようにします（135ページの「前景を使用する」参照）。
- 強力な「三分割法」にのっとって、構図を作ります（141ページの「三分割法を学ぶ」参照）。
- 矢印を描いて、ヒーローを指し示します（冗談ですよ！ 普通はやりません）。

Chapter 26

機材を試す

父からホークアイインスタマチックカメラをもらったのは、私が6歳の時です。使用説明書も渡されて、よく読むようにと言われました。父の言うとおりにしましたよ。カメラをもらったことが誇らしく、上手に写真を撮れるようになりたいと思ったのです。

ところが最近購入したビデオカメラに付属する説明書は、ほんの数ページしかありません。しかも、免責条項や「浴室で充電してはいけない」などといった注意が記されているだけです。つい先日購入したコンピューターには、マニュアルめいたものは付属していませんでした。あったとしても、私の子どもたちは読まないでしょう。

カメラは試し撮りでは壊れません。編集ソフトを試しても、コンピューターは壊れません。使いこなすには、実際に試すのが一番です。

世の中は進歩しています。今では複雑な機器も「直観的」に操作できるようにデザインされ、ヘルプはすべてオンラインで閲覧できます。また、ユーザーコミュニティがある場合あります。マニュアルは、たとえあったとしても、母国語で書いたとは思えないものがほとんどです。おそらく第2言語でもないでしょう。

インスタマチックカメラは良い思い出ですし、今でも父を尊敬していますが、分厚い使用説明書の時代が終わったことは特に寂しくありません。私は、テクノロジーが好きです。でも、テクノロジーが苦手だという人が大勢いることも知っています。

TRY THIS

カメラと仲良くなる

ビデオカメラの使い方がよく分からないなら、今すぐカメラを手に取りましょう。「クイックスタート」ガイドがあれば、それも引っ張り出しておきます。

録画の開始と停止、そして再生。これだけできれば十分です。カメラを向けて、録画ボタンを押せば、あとはカメラが仕事をしてくれます。カメラとはそういうものです。

もっと詳しく学びたければ、メニューを表示することからはじめます。画面をスクロールして、いろいろな操作を試してみましょう。「セピア」などといった効果は、動画の見た目（ルック）を変えるだけなので、無視してかまいません。デジタルズームも使いません（104 ページの「カメラのデジタル効果をオフにする」参照）。

ホワイトバランスを手動設定に切り替える方法を確認しましょう。いつかは必要になります。用途がよく分からない機能については、実際に少し撮影して、どんな機能かを確認してみましょう。

壊れるのではないかと心配する必要など、ありません。電子メニュー付きのカメラなら、すべての設定を初期設定に戻せる「リセット」ボタンが

あるはずです。オンラインで調べないとやり方が分からないかも知れませんが、大丈夫。方法は必ずあります。

編集ソフトも同じです。インカメラ編集で撮影するにしても、コンピューターで編集するにしても、試しているうちに壊れたりはしません。もちろん、うっかり動画を消したり、変更を加えてしまう**可能性もあります**（カメラやソフトウェアが使い勝手が悪い設計になっている場合もあります）。そうなってもあわてないように、「別名で保存」または「コピー」で動画ファイルを複製し、「テスト用コピー」といった名前を付け、編集作業を試す時には、その複製を使えば安心です（もちろん、誤って削除しない方法を操作マニュアルで調べてもらってもかまいませんよ）。

本質的に、編集ソフトは PC にインストールされているたいていのソフトと同じく、カット、コピー、ペーストが使えます。このような基本機能だけでも、動画は編集できます。特殊効果、タイトル、ズーム、スローモーションの類は、なくても問題ありません。まずは基本からはじめ、やりたいと思ったら、ほかの編集機能を調べる程度で十分です。

愛する妻を名指しするつもりはありませんが、女性のほうがやや機械に弱いようです（妻はそう自覚しています）。私は電子機器をいじって何時間でもすごせますが、彼女はそうではありません。別のことをしたがるか（新しい機器の使い方を覚える苦労なしにできること）、壊してしまわないかと心配するかのどちらかです。前者については彼女を非難するつもりはありません。後者については、知っておいてほしいことがあります。

カメラは試し撮りでは壊れません。編集ソフトを試しても、コンピューターは壊れません。使いこなすには、実際に試すのが一番です。

カメラのデジタル効果をオフにする

プロの動画には、デジタルズームは使われていません。

　　　光学ズームは従来のカメラや望遠鏡と同じように、精密なガラスレンズで光を曲げ、画像のサイズを拡大し、ものをより近くに見せています。デジタルズームは違います。マーケティング上の戯言にすぎません。安っぽいデジタル効果をカメラの回路に突っ込んで、「120倍ズーム！」などと宣伝し、消費者にすごい機械を手に入れたと思わせているだけです。だまされないでください。

　　　ビデオカメラのデジタルズームは、コンピューター上で画像を拡大するのと同じです。デジタル処理で画像を拡大すると、サイズは大きくても、不鮮明な画像になります。実際にはないデータをカメラがデジタルで作り出し、小さ

いデジタルの四角で画像を埋め尽くすのです。この効果が好きだとしても（そうでないことを望みますが）、後からいつでも追加できます。

　　　洒落たデジタルカメラが画像を台無しにする処理のほとんどは、編集ソフトでも行えます。違いは、カメラで行うと、その処理が永続的だということです。録画の時点で施した処理は、後から取り消せません。「カレイドスコープ」モードで全編を撮影したら、その画像だけしか残りません。「カレイドスコープ解除」ができる魔法のボタンは、編集ソフトに搭載されていません。

　　　明らかな理由がない限り、カメラのデジタル効果は使いません。デジタルズームは言うまでもなく、ポスタリゼーション、ナイトビジョン、セピア、ピクシレーションも不要です。

Chapter 27

いつでも ショットは短く

本書から学んでほしいことを1つだけ選ぶとしたら、「ほぼ例外なく、短いほど良い」です。動画全体の長さもそうですが、個々のショットについても同じです。

映画、TV番組、ミュージック動画をショットの長さの観点で鑑賞すると分かります。20秒以上続くショットは、見つけるのが困難です。たいていは、ずっと短いショットです。短い方が視聴者の関心を強く引き付けます。それに、同じ長さでもショットを複数つなげた方が、より多くの情報を伝えられます。

カットは、視聴者の注意を引きます。新しいショットに切り替わると、人の脳は見ているものの正体と意味を理解しようとするからです。理解するために少し頭を働かせると、見ているものにさらに深く引き込まれます。積極的に情報を取り込み、動画がもたらす情報に参加したい意欲がそそられます。

また、マルチアングルで撮影したショットの方が、伝える情報量が増えます。ショットごとに焦点（ヒーロー）がしっかり定まっていれば、視聴者の注意をたくさんの情報に向けられます。こうした小さいパーツが合わさると、深みのある動画になります。

カットは、視聴者の注意を引きます。新しいショットに切り替わると、人の脳は見ているものの正体と意味を理解しようとするからです。

マイケル・ベイを一躍有名にした、牛乳協会のキャンペーン用コマーシャル「Got Milk?（牛乳ある？）1993 年」のカメラワークは短いショットの良い見本です。ヒーローと、彼の部屋のディテールをリズムよく、面白おかしく見せていきます。室内は、アレクサンダー・ハミルトンとアーロン・バーに関するコレクションでいっぱい。そしてラジオから聞こえるクイズは「Who shot Alexander Hamilton?（アレクサンダー・ハミルトンを撃ったのは誰？）」。簡単すぎるこのクイズに答えそこねたヒーローは、莫大な賞金を逃してしまいます。

映画では、長回しが使われることもあります。ロバート・アルトマン監督による 1992 年の映画「ザ・プレイヤー」（原題：The Player）のオープニングは有名ですね。でもこれは、一流のクルーが入念に計画し、演じるのはハリウッドのトップ俳優です。リハーサルと撮影に、何日もかけます。そのようにして作り込まれたショットは、長さも、視聴者を引き込む要素の 1 つになっています。

短いショットの撮影をマスターしたら、長いショットにも挑戦してください。それでは……

> **TRY THIS**
>
> ## 5 まで数えてカット
>
> 次に撮影に出かけたら、ショットは 15 秒以内にしましょう。10 秒より短い方が良く、たいていは 5 秒以内で十分です。

Chapter 28

足を使って
ズームする

経験の浅い舞台俳優は、立ち位置を舞台の後方にとりがちです。後ろの壁に近く、観客からは遠い場所です。なぜでしょう？ 観客は、面白いことをしてくれるだろうと、期待のこもった目で見つめます。数百人もの視線を集め、中央に堂々と立つ準備が整っている人間は、わずかしかいません。

一身に注目を集めることへの恐怖は、ビデオグラファーにもついて回る悩みです。誰かの邪魔になりたくないと思ったり、周囲の視線が自分とカメラに向けられているように感じたりします。なるべく目立たないようにしようと、被写体から離れた場所に立ち、その分の距離をズームで詰めようとします。

残念ながら、ズーム倍率をあげると、映像はブレやすくなります。手持ちのビデオカメラで実験しましょう。画角をいっぱいに広くしたら（つまり、ズームなし）カメラを手に持って、1メートルほど離れたところにあるものを撮影します。動画は、安定しているはずです。次は同じようにカメラを持ち、ズーム機能を使って、部屋の隅から反対の隅を撮影します。息をするたびに、クリンゴン人に攻撃されている**エンタープライズ号**のデッキのように画像が揺れるはずです（オリジナルの「スタートレック」シリーズでは、実際にこうにして船を揺らしていました）。

人生の1時間 テイク1

「人生の1時間」は、近距離での撮影に慣れるための練習として、とても効果があります。

親しい友人または家族に頼み、彼らの日常生活の1時間を記録します。特別なことは何もしません。仕事、宿題、庭いじり、買い物など、ふだんのままの姿を撮影するだけです。その1時間で、面白いことが起きるたびに、5〜10秒のショットを撮影します。

はじめる前に、画角を最大まで広げておきます（ズームなし）。1時間の撮影の間、ズームを使わずに撮影するのが目標です。

ショットを変えるために、頻繁に、被写体に近付いたり離れたりします。画面いっぱいに顔だけを映すショットから、頭の先からつま先までの全身を含めるショットまで、いろいろな距離を試しましょう。自分の立ち位置とフレーミングを決めてから撮影し、1ショット撮り終えるまではそのままカメラを固定しておきます。

撮影の練習が終わったら、映像（フッテージ）を確認します。2〜3分程度の動画になっているはずです。出来栄えはどうでしょう？ この練習でもう1つ大切なのは、撮影時にどう感じていたかです。周囲に人がいてもリラックスして、近距離から撮影できるまで、何度も練習しましょう。

ビデオカメラのオートフォーカスも、ズームとの相性が良くありません。画角が広いと（ズームなし）、おじいさんの後方1メートルあたりに立っているブライズメイドにもピントが合います。背後の教会の壁もです。しかし、部屋の反対側からズームしておじいさんを撮れば、ブライズメイド、教会の壁など、おじいさんと同じ平面上にないものはすべて、ぼけてしまいます。おじいさんが前後に動くと、精密な処理が必要になり、オートフォーカスのピントが合うまでに時間がかかります。

音についても注意事項があります。1メートル以上離れたところからズームで撮影すると、カメラのマイクで拾った音声は遠くから、ノイズが混じった状態で録音されます（外部マイクならこの問題はありませんが、忘れることもありますよね。マイクについては150ページで説明しています）。

画角は広いまま、被写体の近くで撮影することを習慣にしましょう。

あなたは、他人から見えています。その人の視界を遮っていたら、なおさら目に付きます。言うまでもありませんが、思いやりは大切です。家族行事で、取っ組み合いのけんかは避けたいものです。ソフィーおばさんのお尻をつついてしまったり、誓いの言葉を述べる娘を見守る母親の視線を遮ったりしないよう気を付けながら、被写体の近くに寄って行きます。背後で起きていることは気にせずに、モニターの映像に集中しましょう

プロの報道カメラマンに遭遇すれば分かります。彼らは無作法だと思われることを気にかけていません。ショットをものにできるかどうかは、死活問題です。私自身は、礼儀をわきまえていたい方です。誰かの邪魔をしたなら、謝罪して場所を移すべきです。ショットを撮り終えた後にね。

Chapter 29

被写体の白目が見えてから撮る

ダンスの発表会で、少女たちが舞台上に走り出てきます。3列目にいる7歳のエマは、心配そうに見つめる何百もの顔に向き合い、カメラのフラッシュを浴び、心臓が飛び出しそうです。あなたはワイドショットで、シャッフルダンスを披露する21名全員を撮影しました。ところが後で再生してみると、何とも味気なく感じられます。恐れ、恥じらい、拍手喝采を受けた喜びなど、その瞬間の感情が一切伝わってきません。なぜでしょうか？ あまりに遠くから、広い範囲を撮影したために、少女たちの目が見えないからです。

顔には人のあらゆる感情が表れます。アフリカの大草原の壮大なパノラマを見渡して感動することもあります。カーチェイスを見ればわくわくします。しかし、人間とのかかわりが示されていなければ、そこまで強く関心を寄せないものです。

クルーガー国立公園なら、心配そうに地平線を見渡すレンジャーの顔が見たいのです。刑事がエンジンを吹かす時には確固たる決意が表れた顔、泥棒がサイドウィンドウから銃を突き出す時には不気味な笑みが見えることが重要です。顔が見えなければ、その人がどう感じているかが分かりません。**視聴者**の側にも、何の感情もわいてこないのです。

目の持つ力

前の章で撮影した「人生の 1 時間」を見直します（これから撮ってもかまいませんよ）。

被写体の白目がはっきり見えるショット、見えないショットを探します。感じ方にずいぶん大きい違いがあるはずです。顔が大きく映ったクロースアップは、目の表面の反射像といったかすかな手掛かりから感情が伝わってきて、より身近に感じられ、共感しやすいものです。

顔は人を他者とつなげます。赤ちゃんや仔犬、仔ブタを見て「あー、かわいい!」と感じるのは、その顔を見た時に、こちらを見返してくるからです。間違いなく、目は心の窓です（最近では「目は心を映す鏡だ」とも言いますね）。

被写体の目を見せないと、人間が他人とのやりとりに使う、コミュニケーションの手掛かりの大部分をみすみす逃していることになります。「気を付けて」という声にならない声が聞こえそうな緊張。微笑みを暗示する、しわ。真実を語っていないと伝える、小ずるい目つき。どれも、目とその周辺に現れます。目が映らないと、視聴者は、あなたが設定したヒーローをよく理解できません。お金を払って動画を観ようとはしないでしょう。通りを渡っていく男性のワイドショットでは、アクションは伝えても、感情を伝えることはできません。

｜｜｜｜｜｜｜｜｜｜｜｜｜｜｜｜｜｜｜｜｜｜｜｜｜｜｜｜｜｜｜｜｜｜｜｜｜｜｜ 絶対に、ためらいなくズームすべきとき

物理的に被写体に近付けない稀なケースでは、できるだけ距離を縮めてから、ズーム機能を使用します。

ブレないように、カメラは三脚または一脚（スタビライザー）に取り付けます（ご想像のとおり、一脚はカメラを支える一本足の台です。三脚よりも軽く、持ち運びが簡単で、使いやすいのが特徴です。カメラ店やオンラインショップで購入できます）。たいていのビデオカメラは、底部に規格サイズのネジ穴があり、三脚または一脚をネジで取り付けられるようになっています。

三脚も一脚もない場合は、床、壁、柱、木などのしっかりしたものに寄りかかり、バランスよく立って、カメラを持つ腕も支えになるものにしっかり押し付けて固定します。撮影はゆっくり。呼吸もゆったりしてください。これで画像のブレはなくなるはずです。

注意：この章では、**撮影中に、ズームを使いましょうとは言っていませんよ!** 107 ページの「足を使ってズームする」を確認してください。

Chapter 30

ショットを設定して そのまま固定

人は歩けるようになってから、走ります。動画なら、ショットの構図を決められるようになってはじめて、カメラを自由に動かすことができます。心配しないでください。カメラはフィクス（固定）でも、面白い動画は撮れます。

ヒッチコック監督の映画「サイコ」の有名なシャワーシーンは、約 90 カットで構成されています。4 つの例外を除き、カメラはぴくりとも動いていません。可能なら、ご自分でも数えてみてください。ショッキングで残虐なノンストップの殺人シーンは、巧みな構図、フィクス撮影によるアクションショットで構成されています。視聴者は、次々に切り替わるショットによって、執拗に切り付ける犯人の冷酷さを感じます。

もっと新しい例を 1 つ。ビヨンセの「シングル・レディース（プット・ア・リング・オン・イット）」(Single Ladies(Put a Ring on It))のミュージック動画をご覧ください。本書の執筆時点で、YouTube での再生回数は 700 万回を超えています。動画の大部分を構成するのは、ビヨンセと 2 人の女性ダンサーをフィクスで撮ったショットです。時折入るカメラの動きはゆっくりで、それも 3 人をフレーム内に収めておくためです。それでも、この動画からは、曲と同じく弾むような強いエネルギーが感じられます。

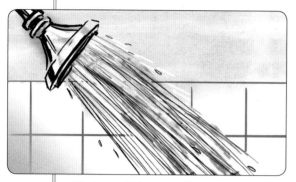

「サイコ」の殺人シーンに使われている 4 つの
連続ショットでは、カメラはほとんど動きません。

緊張感と動きは、カットによってもたらされています。

プロが撮影した動画をこの観点で見ると、フィクス撮影の多さに驚くはず
です。固定したカメラで撮影すると、フレーム内のアクションが飛び出し
て、「わたしを見て！」と言うようになります。人気のない砂漠のハイウェ
イの動画で、はるか向こうから飛ばしてくるクルマが見えたら、視聴者の
目はそのクルマにくぎ付けになるはずです。

対照的に、カメラをあちこち動かしながら砂漠を写すと、画面にクルマ
が現れても、視聴者はそのクルマを見るべきか、カメラの動きに注意す
るべきかが分かりません。目に入ってくる情報が多いほど、分かりにく
くなるものです。

意図を持ってカメラの位置を決めれば、これから撮影する対象を考えざ
るを得ません。ショットに入るものを確認し、視聴者の目がどこに向く
かを考えましょう。ライティングを調整したり、ショットの意図を考える
ための時間を確保しましょう。そうすればより力強く、インパクトのある
映像になります。

カメラを動かすと、魅力的なショットは撮れないのでしょうか？ もちろん、
撮れます。でもその場合にも、意図、考察、シンプルさが求められます。
これらの原則を身に付けるには、カメラを固定して練習するほうが簡単で
す。歩き回るのは、じっと立っていられるようになってからにしましょう。

カメラが固定されていると、フレーム内のアクションに
集中できます。この例では、カーテンの向こうにぼんやり
見える人物です。

カーテンが無造作に開かれるショットは
かなり衝撃的ですが、その時もカメラは
動きません。

TRY THIS

人生の1時間 テイク2

「人生の1時間」をもう一度練習しましょう。前回と同じように、しばら
くの間、近距離で撮影させてくれる被写体が必要です。ヒント：ペット
はたいてい、文句を言いません。

ヒーローのアクションを撮る時に、カメラは固定し、ショットを設定し
た後で「録画」ボタンを押す練習をします。

ショットにはそれぞれ、冒頭、中間、結末の3拍子を刻むビートが
含まれるようにします。それから次のショットに移ります。被写体にな
ることを快諾してくれたのが、ペットの犬だけだったと仮定して話を進め
ましょう。ショットを設定してから、犬を呼びます。ショットの冒頭：犬が
角から顔を出します。中間：カメラに近付いてきます。結末：カメラを
クンクンと嗅ぎ、レンズを舐めます。

撮っているのは、1本の完成動画ではなく、ショットです。1秒から
10秒で完了するアクションを見つけましょう。アクションが刻むビート
を見つける練習です。再生する時には、うまくいった原因を確認します。
すべてのショットが上出来とはいかないでしょう。犬を被写体にしたら、
アクションの予想がつかない分、余計に難しくなります。それでも、
少し練習すると、ある種の力強さを感じる画が撮れるはずです。素晴ら
しいスチル写真から感じるのと、似たような感覚です。

カメラをむやみに動かしていたら、この感覚をつかむことはできません。

単一と「Where the Hell Is Matt?」

「優れた演劇は「時の単一」「場の単一」「筋の単一」の3つの単一（一致）があるべきだ」と最初に提唱したのは、アリステレスでした。「単一」とは、ある1つのことに注目させる方法です。演劇は、ある日（時の単一）に起きたことの場合もあれば、ある家で（場の単一）、または単一のできごとをめぐって（筋の単一）起きることもあります。単一によって、視聴者（およびライター／監督）は何についてのストーリーかが分かりやすくなり、ストーリーは深く、力強くなります。

　アリストテレスの言葉を引用して分析するなんて、インテリ気取りだと思われるでしょうか。しかし、この考え方は動画でも十分通用します。それを証明しているのが、Youtubeで数百万の再生回数を誇る「Where the Hell is Matt?（マットはどこに?）」です。

　YouTube界を支配しているのは、巷のおかしな出来事、危険な離れ技、（比ゆ的な意味で）大惨事などですが、この動画は、見事なアイデアに基づいた数少ない例外で、学ぶべきことがたくさんあります。この動画は、世界を旅するごく普通の男性を追っています。場所ごとに動画をカットでつなぎ、その場に居合わせた人々と（とても下手な）ダンスをする様子を撮影しています。素晴らしい意図、とんでもなく面白いヒーローが設定されているうえ、プロットには無駄がなく効果的です。

　また、**単一の概念も完璧に使いこなして**います。

　動画には、単一をいくつも盛り込めます。マットもそれを利用して、作品を力強く仕上げました。

　カメラの動きの単一：すべてのショットはフィクス撮影。カメラは一切動かしません。全編を「手持ちカメラで」「スローモーションで」

「カメラを床に置いて」撮影するなど、さまざまなやり方で同じ「単一」の効果を得られます。

　構図の単一：マットもその周りでダンスする人々も、すべてのショットで全身が入っています。そして、マットは必ずフレームの中央にいます。面白いことに、彼はいつも手前中央にいるわけではありません。もしそうなら、間抜けな男がダンスしているだけの動画になってしまうでしょう。彼がなかなか見つからないショットがあるからこそ、この動画はグループダンスとして面白いのです。人類は1つ、というメッセージがはっきりと伝わってきます。

　グラフィックスの単一：タイトルはいつも決まった位置に配置します。フォントを揃え、同じ方法で使用します。

　アクションの単一：マットの動画では、彼が世界各地でさまざまな人々とダンスします（たいていステップも同じ）。それ以外のアクションはありません。

　曲の単一：最初から最後まで、高揚感のあるリズムの「Praan」が流れ、編集と雰囲気が統一されています。

　何曲も曲をつなぎ合わせたり、ショット中にカメラを動かしていたら、この動画の効果がどうなるかを想像してみてください。単一の持つ力が簡単に分かるはずです。

　単一を使う最大の長所は、それをうまく利用して、さまざまな感情を引き出せることです。マットが予期せぬ方法で単一を破ると、視聴者は面白いと感じます。たとえば、トンガではマットが波に飲み込まれ、ニューギニアではペイティングを施した部族の人たちが独特のダンスをします。インドでは、マットは突然いつもの間抜けなダンスをやめ、周りの人たちに合わせて本気で踊り始めます。

Chapter 31

動かすタイミングを知る

無作為にカメラを動かすと、視聴者に退屈な思いを強いる結果になります。人は面白いものを見つけると、よく見たいと願うものです。それなのに、無作為に動くカメラは、目的の場所を通り過ぎてどこかへ行ってしまうのです。「カメラマンがハッキリとした意図を持たずに撮っている」「この動画は面白いものを見せてくれない」と判断した視聴者は、**即座に**去っていきます。意味がなければ、動かすことに価値はありません。

これに対し、フィクスで撮ったショットには、ある種の臨場感と力があります。強力です。皆さんからこんな声が聞こえてきそうです。「ええ、本当にそうですよね。私はカメラを動かさずに、動画を30本撮りました。フィクスショットの大切さがよく分かりました。次はカメラを動かして撮ってもかまいませんか?」気持ちは分かります。でも、どうでしょう。カメラを動かす前に、ヒポクラテスの誓いを思い出してください。「まず何よりも害をなすなかれ」です(ビデオグラファーではなく、医師に向けて言ったことは承知のうえですが、言いたいことは分かりますよね)。

カメラを動かしたくなったら、「なぜ? 何のために動かすのか?」と自問しましょう。カメラを動かすのなら、必ず意図があるべきです。目的を明確にしましょう。動かす理由があるなら、自信を持って視聴者にしっかり届けましょう。

> ショットの途中で被写体の顔に寄ったら、視聴者を招いているのと同じです。「その人物がこれから目にするものにどう反応するか、つぶさに見てください」と。

カメラを動かす最大の理由は、移動するヒーローについていくことです。ヒーローが歩けば、カメラマンも一緒に歩きます。ヒーローがしゃがめば、フレームから外れないように、カメラマンもしゃがみます。

あるいは、特定のアクションを強調したい場合にも、カメラを動かします。人の顔に寄ると、その人物が目にしたものに対する反応をよく見てもらえます。同じように、トランプの手品なら、マジシャンの手に寄ります。

可能なら、カメラを動かしながらショットを撮る練習を 1 〜 2 回しておきます。狙いどおりの画が撮れるように準備しましょう。

結婚式の動画なら、ウェディングアイルを歩く花嫁に合わせてカメラマンが移動すると、面白い画になります。

シンプルかつエレガント vs 複雑かつ無残

私はジェームズ・キャメロン（「アバター」）、バズ・ラーマン（「ムーラン・ルージュ」）、デヴィッド・フィンチャー（「ベンジャミン・バトン 数奇な人生」）、ピーター・ジャクソン（「ロード・オブ・ザ・リング」）を大いに尊敬します。彼らは壮大なスケールの複雑な世界を映像で語りました。制作過程で画期的なテクノロジーを発明し、数千人のスタッフを雇用し、完成した映画のフレームは、どれ1つをとって見ても複雑かつ練り上げられています。

　尊敬しているとはいえ、私は彼らとは違います。思考回路が違うのです。それに、残念ながら、彼らに匹敵するスキルもありません。私を含む、壮大かつ複雑で、大規模な制作を手掛け

ない皆さんには、次のアドバイスをお届けします。「動画のすべての点において、シンプルさとエレガントさを追究しましょう」

　急降下してメインキャラクターの眼球の真ん中に着地するクレーンショットなど、必要ありません。背景に 100 人ものエキストラはいりません。良質の動画は、本質に的を絞り、制作者ができる限りの力を発揮することで可能になります。

　ヒーローのストーリーに的を絞り、可能な限りシンプルに、要点を分かりやすく伝えます。天才的なひらめきは、あるに越したことはありませんが、なくてもかまいません。必要なのは、やり遂げる能力です。

TRY THIS

人生の1時間　テイク3

家族がまだ協力してくれそうなら、「人生の1時間」をもう一度やってみましょう。

今回は、撮影中にカメラを動かします（ショットは短く）。まずは感触をつかむだけです。数回試してみましょう。要領が分かってきたら、意図をもってカメラを動かします。カメラを動かすことで、ショットに追加の情報を含めるのです。

近付く：カメラをしっかりと持ち、滑らかにゆっくりと被写体に近付きます。ショットのヒーロー（アクションを行う人でもモノでもかまいません）が、フレームの焦点です。忘れないでください。

遠ざかる：慎重に、後ずさりします。気を付けて。

被写体を追う：ティルト（カメラの位置はそのままで上下に振る）やパン（左右に振る）を使って、被写体の動きを追います。被写体の頭部はフレームの上にちょうど収まる位置にして、はみ出さないようにします。

上下に動かす：これは「ブーム」ショットと呼ばれます。映画のセットでは、ドリー（静かな油圧式のリフト付き台車）を使って、撮影中にカメラを上げ下げする場合もあります。ドリーを使わずにカメラを滑らかに上下させるには、適切な位置でカメラを構えたら、膝の屈伸を使います。腕を使ってもかまいませんが、膝を使った方がずっと滑らかです。

複数の動きを組み合わせることもできます（左にパンしながら上に動かすなど）。さまざまに試して、どうすれば好きな動きができるかを見つけましょう。

撮影した映像（フッテージ）を確認します。あなたの作品には、どんな動きが使えそうですか？

Chapter 32

照明を考える

はじめて映画やテレビのセットを訪れた人は、たいてい、こう言います。「わあ、テレビで見るより、どれもこれもずっと小さい！」これは事実ですが、本章とは何の関係もありません。

その次によく口にされる言葉がこれです。「スタッフさんたちは、ずいぶん長い時間、周りに立っているんですね！」これも本当のことですが、現場を囲んで立っている時間は、全員が次のショットに備える、テクニカルタイムです。メイクはそのショットにふさわしく、セットは完璧でなくてはなりません。しかし、その時間の大半が費やされるのはライティングです。完成した映画では6秒にしかならない、たった1ショットのライティングを整えるために、短くても15分、長い時には8時間かかります。

長編映画のセットでは、12〜25名のグリップとガファーがライティングを担当します（グリップは照明機材を動かし、ガファーは照明を電源につないだり、向きを調整したりします）。そして高給取りの撮影監督がスタッフ全員の指揮を執り、ライティングが適切かどうかを確認します。なぜでしょうか？ シーンが照明されていないと、視聴者にはアクションが見えず、何が起きているのかさっぱり分かりません。そして照明が適切でないと、雰囲気は台無しです。夕暮れの緊迫したホラーシーンがずいぶん明るかったら……。適切な照明なしに、ストーリーを伝えることはできません。

皆さんの動画のために、ガファーのチームを組むつもりはないでしょう。最近のビデオカメラは自動で露出（明暗）をコントロールしてくれます。ただし、そうした自動露出機能では対応しきれない状況があります。正確に言うと、自動露出は、私たちの意図とは違う判断をする場合があるのです。

典型的な誤り＃１：日中の屋内で、窓の前にいる人物を撮影するとします。カメラは与えられた努めとして、最も明るい領域（窓）を見つけ、自動的にそれを「基準」と定めます。最も明るい領域にあるものがよく見えるように、画像全体を調整します。その結果、通りの向こうの住宅はきれいに撮れても、窓の前の人物はシルエットになります。

**被写体の背後からの光によって、
被写体がシルエットになっています。**

この問題への対処は、最も明るい照明をカメラマン（およびカメラ）が**背負う**ように設置することです。この状況では窓も太陽も動かせないので、被写体と場所を交替します。カメラマンが窓に背を向け、被写体が窓の方を向くようにすれば、日光が被写体を照らしてくれます。

マニア向けのアドバイス：露出を手動調節できるカメラなら、被写体の顔に露出を合わせると、窓の前にいる被写体も撮影できます。ただし、ショット全体の明るさが高まり、背後の窓は白とびしてディテールがなくなる可能性があります。見た目は良いのですが、非常にスタイル化されたショットになり、設定にもひと手間かかります。

**照明が足りないと、カメラの回路が全力を
尽くしてもはっきりしない画像になります。**

窓の外と被写体の顔の両方を見せるためには、被写体をかなり明るく照らすか、窓を暗くするか（クルマの窓を暗くするフィルムのようなものを窓に貼るなど）、その両方をしなければなりません。屋内と屋外の明るさを同じレベルにすると、カメラは両方をとらえます。

**適切なライティングです。たっぷりとした光が
被写体を照らしています。**

典型的な誤り＃２：明るさが足りていない場合があります。光の量が多いほど、画像は鮮明になります（人の眼を含むすべてのレンズはこの物理的性質を持っています）。人によっては夜間の運転でメガネが必要だったり、高齢者でも日中の屋外ならメガネなしで読書できる人がいますが、これには、レンズの性質が関係しています。

光量不足のまま撮影すると、灰みがかった、ぼそぼそときめの粗いショットになります。回避策としては、２つ考えられます。屋内なら、すべての照明をつけるのが一番簡単でしょう。照明を足せないなら、被写体に照明の方を向いてもらい、なるべく近くで撮ります。自動露出が明るい領域を選び、被写体を鮮明にしてくれます。

どのようなライティング条件でも、ビューファインダーは頼れる味方です。その小さい画面で起きていることが見えないなら、Web に投稿したところで、魔法のように鮮明な画像になどなりません。

動画の照明は、「余力があれば設定する」ものでは**ありません**。必須です。何があろうとも、決して、絶対に、まともに照明されていないショットを完成作品には含めません。

練習を積むと、照明を巧みに利用できるようになり、ストーリーを伝える道具として使えます。照明を変えればショットの雰囲気も変わります。グレーの空と強烈な太陽光とでは、**印象**は大きく異なります。火明かりとフロアランプでも雰囲気が変わります。ライティングは奥が深く、生涯をかけてもすっかりマスターすることはできません。ただし、少しずつ上達することはできます。

常に学び、次に撮る動画では、起きていることがはっきり見えるようにしましょう。

TRY THIS

架空のライティングライン

あなたと被写体が１本のラインで隔てられていると想像してください。照明は常に、ラインの**手前から被写体**を照らすようにします。つまり、照明は必ずカメラを持つ人が背負う形になります。真後ろのこともあれば、斜め後ろのこともありますが、必ずラインより手前から照明します。

大半のシーンでは、可能な限りの照明を追加するのが最善策です。人の目に**少し薄暗い**なら、**カメラにとっては**あまりに暗すぎます。室内の照明をつけましょう。フロアランプ、卓上スタンド、懐中電灯も利用しましょう。大作に挑戦するなら、動画または写真用の照明を購入するかレンタルします。かさばらずに持ち運びしやすい機材を選び、必要な時にセットアップします。

Chapter 33

思い切る

Dr. ハウス、ホーマー・シンプソン、トニー・ソプラノ、フレディ・クルーガー。彼らの共通点は何でしょう? 現実では隣人になりたくないタイプの人たちです。しかし私たちは、TV 番組や映画でなら、彼らが周りの人々を苛立たせたり、救ったり、失望させたり、打ちのめしたり、殺したりするのを観るのが大好きです。

動画では、実生活なら避けたい対立や危険を楽しんで鑑賞します。品行方正な人たちが、お行儀よくしているだけの動画など、面白くありません。満月の夜にスコットランドの荒地をドライブしている時に、自分のクルマがガス欠になったら困りますが、映画の中でほかの誰かがそうなるのは大いに観たいものです。

私たち映像制作者は、本能に逆らわねばなりません。不快なものから逃げるのではなく、正面から向き合うのです。

良心的な人たちを撮るなと言っているわけではありません。初聖体の動画は、パットおじさんが司祭を叩きのめすようなハプニングがなくても、価値があります。ののしり合いの喧嘩や、どうしようもない人たちばかりしか撮るものがないとしたら、この世界は隅から隅までリアリティ番組のような現実だということになってしまいます。

ともあれ、映像・動画制作者は本能に逆らって仕事をすべきだというのは、揺るぎない事実です。目をそむけたくなっても、撮り続けるガッツが必要です。不快なものから逃げるのではなく、それに正面から向き合うのです。

TRY THIS

居心地の悪さを味わう

体の前で両手を組み合わせてください（さあ、誰も見ていませんよ!）。次は、左右の手の親指の上下を入れ替え、残り 4 本の指についても同じようにします。どんな感じがしますか？ 変な感じがしますよね？ もちろんそうでしょう。だって 1 歳半のころから同じ組み方をしてきたのですから。

これは、真実を撮るか、都合の悪そうなことを撮らずにおくかで葛藤が生じた時に、人が感じる心理的苦痛に似ています。手を組み替えた時と同じように、脳は気持ちの悪さを感じます。もちろん、何度も練習すれば手は慣れるでしょうし、脳も同じです。

さあ、組んだ手はほどいて結構です。

脚本に緊張はありますか？ ヒーローは苦境に陥っていますか？ 次に何が起こるかと、ドキドキしますか？ そうでないなら、何のための撮影でしょう?!

これを撮ったら、「母親が怒りだしはしないか／職場をクビにならないか／仲間外れにされないだろうか?」と心の中で思ったら、迷わず撮影しましょう。どのようにも編集して内容を変えられますし、まずい部分は編集で消してから Web サイトに投稿できます。しかし、その時に目にしたものを撮らなければ、編集という選択肢すら持てません。

観客がお金を払っても見たいのは、スタンドでポップコーンを売る男性ではなく、綱渡りをする男性です。

自分にとって心地よくないものにも、カメラを向けましょう。対立とトラブルはいつでも、素晴らしい撮影対象です。

素晴らしい頭脳が集結した、素晴らしい動画

動画に注目してもらい、視聴者を楽しませるために大切な要件は、面白いメッセージを伝えることです。

その良い例が TED の Web サイトです（www.ted.com）。「TED」は Technology（テクノロジー）、Entertainment（エンターテインメント）、Design（デザイン）を意味し、世界各地でカンファレンスを開催しています。Web サイトには、カンファレンスで撮影された 18 分間のトークが無数に掲載されています。これらは（おそらく）3 台のカメラで撮影してから、簡潔で分かりやすく編集されています。

視覚効果やしゃれたグラフィックスを追加しなくても、講演者たちは魅力的です。彼らのアイデアはとても力強く、たとえ Web カメラを使ってキッチンテーブルで撮影したとしても、魅力は損なわれないでしょう。

TED の動画が示しているのは、たとえ見せ方がシンプルでも、優れたアイデアは視聴者を引き付けるという事実です。立派な機材が使えない、お金がないといったことは、ひどい動画を世間に送り出すことの言い訳にはなりません。

動画を公開するのは、楽しい時間を視聴者に約束するのと同じです。世界を変える。視聴者に気づきを与える。何かを感じてもらう。これができれば、お金をかけた動画かどうかは問題になりません。これがない動画は、世界中のお金をかき集めても、注目を集めることはできません。

Chapter 34

スターを
より輝かせる
(Part 2：文字どおりの意味で)

往年の名女優（イングリッド・バーグマンやベティ・デイヴィス）が出演している 1940 年代のモノクロ映画では、ラブシーン、死のシーン、裏切りのシーンなど、女優をクロースアップで美しく映し出した、ドラマチックなシーンを目にします。よく見ると、女優の顔が周囲よりも明るいことが分かります。まるで光を発しているようです。

これは**キーライト**の効果です。女優を人類のほかの誰よりも美しく見せるために使います。明るいソフトな光で顔を照らすことで、撮影監督は影やしわを消し、若い天使のように美しく見せようとしたのです。顔に注目が集まり、瞳の輝き、かすかな目の動きなどで感情をたっぷりと伝えられます。

女優たちにとって、見栄えはとても重要なことでした。多くは専属の照明技師を雇い、撮影現場に連れて来たものです。彼女たちは、人の心をつかむのは顔だと知っていました。顔に注目を集めるほど、より多くの人々を引き付け、女優として成功できたわけです。

スタイリスト魂を表に出す

次に誰かをレンズ越しに見る時には、あなたの中にいるビューティコンサルタントを解放しましょう。男女を問わず、人間には、誰にも魅力があります。それを見つけて、動画に映し出すことが皆さんの仕事です。

たとえば、あなたの妹を撮るとしましょう。いろいろ言いたいこともあるでしょうが、それはさておき、次のことを自問してください。彼女の一番の魅力は？髪はアップと下ろしたのとでは、どちらが似合う？この服では彼女が太って見えないか？彼女の良さを最大に引き出しているか？ライティングやカメラアングルのせいで魅力が下がってはいないか？具合が悪そう、不機嫌そう、落ち込んでいる、怖がっているように見えたら、撮影しません。

これまで、妹がどう見えるかについて真剣に考えたことはないでしょう。しかし、動画に撮るなら、しっかりと考えて彼女の魅力を引き出すのが皆さんの役目です。

帽子を取ったり、メガネをかけたり、リップスティックを塗ってもらったりしましょう。額がてかってしまったらパウダーをはたくように勧めます。別のアングルから撮ってみたり、近付いたり、離れたり。照明を近付けたり、位置を変えてもらうのも良いでしょう。

動画のヒーローをスターのように輝かせるためです。考えついたアイデアをすべて試しましょう。

当然ながら、これは今でも変わりません。専属の照明技師を連れたハリウッド女優はいなくなりましたが（最近は費用が高すぎるうえ、映画では自然さが求められるようになったからです）、大女優はたいがい、ヘアとメイクの専属スタッフをつけるように交渉してきます。

皆さんの動画プロジェクトには、照明も、ヘアスタイリストやメイクアップアーティストもいないかも知れません。しかし、見栄え良く撮る責任は、皆さんにあります。その責任を負わないなら、被写体をぞんざいに扱い、自ら面白味を削いでいるのと同じです。

撮影前に、ヒーローがレンズ越しにどう見えているかを考えます。誰もがミーガン・フォックスになれるわけではありません。コンディションの良い日もあればそうでない日もありますし、見栄えのするアングルも人によって違います。リハーサルディナーで感動的なスピーチをしている祖母を鼻の下から見上げて撮りたくないはずです。それに、食事中が一番魅力的に見える人もそうたくさんはいません。

制作者が自分をより良く撮ろうとしていることが分かると、たとえ効果はわずかでも、写される側はずっと安心できます。そして安心した被写体は、自然と映りが良くなります。物理的にはそれほど大きい変化でないとしても、ふだんから化粧をしている女性にとって、メイクアップは安心してスクリーンに映るための有効な手段です。

Chapter 35

ロケーションを
見せる

「グレイズ・アナトミー 恋の解剖学」（原題：Grey's Anatomy）のシアトル・
グレース病院の広々としたロビー、「M★A★S★H マッシュ」（原題：
M*A*S*H)の朝鮮の山々、「となりのサインフェルド」（原題：Seinfeld）のニュー
ヨークのアパートに共通することは何でしょうか？ これらは**エスタブリッ
シングショット**と呼ばれ、次のシーンの舞台となる場所を視聴者に知ら
せるためのものです。

映画やTV番組、よくできた動画では、このようなショットがたびたび使
われます。たとえば、前のショットが終わると、ヘリコプターで上空から
撮影した3秒のショットで雪が積もるプリンストン大学のレンガ造りの校
舎が映り、ヒュー・ローリーが怒鳴り散らしているDr.ハウスのオフィス
のショットにつながるといった具合です。

すべての人物は、**いつか**、**どこか**にいるはずです。エスタブリッシングショッ
トは、場所、季節、時間（夜か昼か）を視聴者に知らせます。エスタブリッ
シングショットによって、視聴者はヒーローとストーリーについての理解
を深めることができます。

ワシントンD.C.で過ごす休暇を撮影するとしたら、リンカーン記念堂の
中を見て回る様子の前に、ナショナル・モールの全体をとらえたワイド
ショットを見せます。ラスベガスに行ったら、アートギャラリーめぐりの
前に、ベラージオホテルの噴水とファサードの短いショットを入れます。

エスタブリッシングショットは、次のシーンの舞台と
なる場所を視聴者に知らせます。

標識やランドマークは、場所を特定する明確な
手掛かりです。このようにすると、単なる公園ではなく、
ロサンゼルスの西側にある、特定の公園だと示すこと
ができます。

優れたエスタブリッシングショットは、現在の場所を
知らせ、次はいったい何が起きるのだろうかと
好奇心をかきたてます。

どんな動画にも、広大なエスタブリッシング
ショットが必要なわけではありません。しかし、
見た目の良い場所にいるなら、それを見せるべ
きです。教会、劇場、ピザ屋の外観なら、撮
影にかかる時間など、わずかなものです。

エスタブリッシングショットは、大がかりでなく
てもかまいません。たとえば、グレーの壁を背
景にコンピューターがずらりと並ぶシーンからは
じめ、同じグレーの壁を背にカスタマーサービ
スが電話に応答するシーンにカットしたらどうで
しょう。視聴者はすぐに、ショットはパーティション
で区切った広いオフィスの1区画を映してい
ると分かります。ほかの区画を見せたり、オフィ
ス空間全体を見渡すショットがなくても、ヒー
ローが働く環境を効率よく理解してもらえます。

場所や時間の情報を加えると、内容がしっかり
伝わります。レストランでインタビューするなら、
インタビューの様子をクロースアップで映す前
に、素的なバーを見せましょう。または、テー
ブルにランチを並べるウェイターのショットも良
いアイデアです。台本のある動画で、ヨットに
向かう不動産王が登場するストーリーなら、ナ
ンタケット島のマリーナを指す標識の前を歩く
様子を入れてはどうでしょう。

エスタブリッシングショットは、あなたに代わって
嘘をついてくれるものでもあります。「M★A★
S★H マッシュ」(原題：M*A*S*H)「となりのサイ
ンフェルド」(原題：Seinfeld)「グレイズ・アナト
ミー 恋の解剖学」(原題：Grey's Anatomy)「ドク
ターハウス」(原題：House)はどれも、ほとんど
がロサンゼルスのスタジオセットで撮影されてい
ます。象徴的なエスタブリッシングショットを使
うことで、スタジオではなく、別の場所でドラマ

が展開していると信じさせているのです。エスタブリッシングショット自体が作り物の場合もあります。サインフェルドのニューヨークのアパートも、シアトル・グレース病院のロビーもロサンゼルスにあります。朝鮮の山々だとされているのは、実際にはマリブの山並みです。ナンタケット島のマリーナの標識を手作りし、ケンタッキー州の湖の桟橋に設置してもかまいません。恋とエスタブリッシングショットで、手段を選ぶ必要などありません。

エスタブリッシングショットでは、現実では到底無理な状況も「設定する」（establish）ことができます。エンパイア・ステート・ビルディング並みの超高層ビルのオフィスで撮影するとなると、相当なコストがかかるでしょうが、その必要はありません。マンハッタンに旅行したついでに、ビルの外観のエスタブリッシングショットを撮り（無料です）、自宅のリビングルームに置いたデスクでオフィスの様子を撮影すれば良いのです（動画で偽ることの利点については、131 ページの「現実は忘れる」参照）。

131 ページの「現実は忘れる」参照

TRY THIS

ハンティング

外に出て、エスタブリッシングショットに使えそうな場所を探し、見つけたら撮影しましょう。良い感じの見栄えで、視聴者にそれがどこかが分かるように、ワイドショットで撮影します。1 ショットに必要な時間は、ほんの数秒です。

建物だけでなく、そのほかの情報が伝わるショットを探しましょう。正面に停車しているクルマの車種は？「売り出し中」の張り紙や政治関連の看板はありませんか？ 芝生にゴミが落ちていたり、長い間放置されているクルマはありませんか？ 犬は？ エスタブリッシングショットを使うと、キャラクターについて豊富な情報を伝えられます。

次に動画を撮る時には、有益な情報を追加してくれるショットを探しましょう。背景（先ほどの例ではレストランのバー）や背景のアクション（ウェイターなど）は、ショットの情報をどんなふうに増やしているでしょうか？

リンボ

1 枚もののクロスや紙を使った、輝くような単色の世界で撮られている動画もあります。これは「リンボ」と呼ばれる背景用の素材で、たいていは黒か白です。安上がりで、その前にいる被写体に視聴者を完全に集中させることができます。

Apple 社の Mac のテレビコマーシャルは、白の背景で撮影されていました。「Wisdom」（Andrew Zuckerman 著）という書籍の美しいプロモーション動画も同じです（www.andrewzuckerman.com/wisdom/）。

皆さんもリンボの背景を簡単に作れます。まず、単色の壁を背景に撮影します。その後、コンピューターの編集ソフトで背景を取り除き（「キーイング」という機能を使います）、好きな色に置き換えます。

もちろん、アナログでも可能です。2 メートルほどの白のロール紙を用意し、被写体の後方に吊るします。床に届いたら、残りはカメラの方に向けて床をはわせて伸ばします。俳優は紙の上に乗ることになります。紙の内側に収まる領域を撮影し、濃い影が落ちないようにライティングをセットアップすれば、被写体の背後には何も写りません。白い空間に浮いているように見えます。

Chapter 36

自分自身が楽しむことを忘れない

インプロ（即興劇）の偉大な師であり、ロサンゼルにあるザ・グラウンドリングスの設立者でもあるゲイリー・オースチンは、「知力の限りを尽くせ」と俳優たちに言います。観客を見くびっていると、無難に演じがちです。そうなると、能力を目いっぱい働かせよう、壁を破ろうといった姿勢になれません。高みを目指して努力しない俳優は、自分自身に驚くことはありません。そしてしばらくすると、飽きてきます。俳優の退屈は、観客にも伝わります。

これは動画でも同じです。あなた自身が心から楽しいと思うもの、**素晴らしい**と思うものは何かをいつでも考えましょう。そして、それに応じた行動をとるようにします。対象について考え、心の底から好きになったら、それをそのように撮るのです。

視聴者は、皆さんよりも賢いものです。いつでもです。彼らは、あなたが「しなかった」ことを見ています。皆さんが自分の動画を観るのは、傑作を撮ろうと、奮闘している真っ最中です。一方で視聴者は、ソファに腰かけて画面に集中し、皆さんの選択が正しいかどうかを逐一ジャッジしていきます。ごまかし、手抜き、間抜けなことをしていたら、即座に気づきます。そして、次にとる行動は、停止ボタンを押すことです。撮影した皆さん自身が、自分の実況動画で居眠りするなら、YouTube で評価されるはずもありません。

> 視聴者は、皆さんよりも賢いものです。ごまかし、手抜き、間抜けなことをしていたら、即座に気づきます。そして、次にとる行動は、停止ボタンを押すことです。

動画撮影はチャンレンジ、それも楽しいチャレンジです。毎回、新しいことに挑戦しましょう。「そこそこ」で妥協するのをやめたときには、自分自身を驚かせる、視聴者も驚くような動画が作れるようになります。

TRY THIS

手当たり次第に変える

動画の撮影に行き詰まりを感じたら、さまざまな要素を混ぜてみましょう。アイレベル（目の高さ）で撮影しているなら、膝をつきます。「何のために」とは考えず、何が起きるかを試します。長いショットばかり撮っているなら、短くします（逆に**超短い**ショットばかり撮っていたなら、長くします）。カメラのディスプレイを見ているなら、しばらくビューファインダー越しに見てみます。インタビューの相手に差し障りのない質問をしているなら、攻撃的な質問を投げかけます。

ランダムに何かを変えると、そのたびに、新しい視点が得られます。そこから見た視界が刺激となり、新しいアイデアが出てくることがあります。得られなかったら、別の要素を変えてさらに試しましょう。

Chapter 37

悪いショットを
率直に認める

カメラに付いている小さいモニターを見て、思った画ではないと気づくことがあります。撮りたい人物ではなく手前の植物にカメラのピントが合っている。アングルがつまらない。被写体までの距離が離れすぎている。あるいは、光の量が足りないこともあるでしょう。

原因が何であれ、撮影を中断して速やかに問題を解消しましょう。このような問題のあるショットは、続きを観ようという気を削いでしまいます。近所のお祭りの動画は楽しめても、暗くて長いインタビューが始まれば、それまでです。

現実世界では、ぼやけて見えるものがあると、脳が機能して目を調節し、ピントを合わせます。しかし、ピンぼけの動画ではそうはいきません。目と脳は不可能なピント調整をし続け、原因は分からないまでも、脳に負担を感じます。そして、次のインタビューもよく見えないのではないかと、心配するようになります。結果がそのとおりなら、停止ボタンです。

照明やピント合わせなど、技術的におかしいショットを最終版に含めるのは、視聴者を見下しているのと同じです。自分を尊重してくれない人に、誰が関心を寄せるでしょう？ 誰にでも、いつでも、良くないショットを撮影してしまうことはあります。ただし、そのショットをそのまま放置して、完成作品として人に観せるのが許されるのは、アマチュアだけです。

TRY THIS

見栄えを改善する

最近撮った動画をコンピューターの編集ソフトに読み込みます。ショットを1つずつチェックして、満点とは言えない部分を削除します。削除した後のシーンのカット（つなぎ）については気にしません。ともかく、技術的に良くない画を単純に取り除きましょう。

もう一度、その動画を観ます。ずっと良い見た目になっているはずです。

‖‖

現実は忘れる

私は、あるコマーシャルで、投石機で通勤する男性を撮影したことがあります。男性は前庭で妻に「行ってきます」のキスをすると、台座に上がって紐を引っぱります。投石機で空高く放たれた彼は、カメラに向かって飛んでいきます。妻は微笑みながら街を飛び超える夫を見送ります。

現実には、俳優はボディハーネスを装着していました。ハーネスにはバンジージャンプ用のロープが結ばれ、ロープはビジネススーツに開けられた穴を通って、上方に固定されています。彼が立っていたのは、スタジオに建設された家の壁の前です。3人のグリップがシーソー式の「投石機」の片端を押し下げると、彼はカメラの上を飛び超え、別の3人のグリップの腕の中に飛び込みます。彼の「妻」は照明を見上げ、夫が「飛び去る」のを見送ります。

ある住宅でミュージック動画を撮影した時には、冬の夜を再現する必要がありました。窓を黒でつぶし、ドアにテントをかけて日光を遮断しました。それから暖炉に火を入れ、照明はソフトにしました。外は8月の日中でも、屋内はクリスマスイブです。日没後、屋外での撮影になると、せっけんを泡立てて庭一面に吹きかけ、雪に見せかけました。雪を踏みしめる足音は、後から追加したものです。

プロの制作現場では、カメラのフレームからわずかに外れたところには、ツールベルトやメイク道具を携えたスタッフがいます。照明が夕焼けを、送風機が風を、送水管が雨を作り出します。

すべてがリアルに見えます。しかし、どれ1つとして本物ではありません。

実際、どんな動画でも、偶然撮れた映像ではありません。超初心者が撮った動画でも、カメラを構えるタイミング、カメラを向ける方向は、誰かが何らかの意図を持って選択しています。動画を始めるタイミング、終えるタイミングについても同様です。動画がプロの仕上がりになるのは、

このような選択が念入りに行われているからです。

現実を忘れると、動画制作が上達します。何が**起きる**かではなく、何が**起きてほしい**のかを考えます。目の前の現実は関係ありません。重要なのは、カメラに何を見せることができるかです。

現実から解放されると、撮影は楽になります。スーツにネクタイ姿で机に向かっているキャラクターを暑い日に撮影するなら、大汗をかかずにすむよう、ショートパンツをはかせましょう。

暑い部屋を涼しく**見せ**たいなら、友人の1人に頼んで外に出てもらい、ホースで窓に水をかけましょう。即席のにわか雨です。

群衆が必要なのに集められたのが5人だけなら、ボーリングピンのようにV字型に並んでもらい(頂点がカメラ側)、彼らの肩や頭越しにアクションを撮影します。

道行く人たちにインタビューをする時は、インタビューごとにカメラの向きを変えると、動画の面白味が増します。背景が変わると、別々の場所で撮ったように見えます。

企業の野外親睦会を撮影していて、上司がつまらないスピーチをしたなら、何人かに頼んでスピーチへの反応を後で撮影します。居眠りでも、「ゴルフをさせろ」と書いたプラカードを掲げて抗議しているところでも何でもかまいません。それをスピーチの映像に組み込みます。真実とは言えませんが、ユーモアは歓迎されるでしょう。

動画は自由なものです。しかし、その自由に慣れるまでは、時間がかかります。撮影するアクションは、そのとおりの順に起きなくてかまいません。並べ替えてつないでも、不自然には見えません。別の日どころか、月をまたいでも、まったく問題ありません。カメラの前で起きたことを記録して、使うのも、使わないのも、皆さん次第です。そのような選択が、1つひとつの動画の個性になります。

Chapter 38

ディテールを撮る

「ロサンゼルスへようこそ」と書かれた看板があるとしましょう。カラフルなライトに囲まれた高さ15メートルの看板と、高速道路にある落書きだらけの看板とでは、まったく意味が違います。

男性の額に光る汗も、大事な試合を戦うNBAのプレイヤーと、値下がり確実な株を売り付ける証券マンとでは意味が違います。女性が恋人に「今夜は会いたくない」と伝える時、彼女の手は膝の上にそっと置かれていますか？ それとも落ち着きなく動いていますか？

人は特別意識することなく、目から情報を取り込むときに、このようなディテールにも気付いています。そして、意識する、しないにかかわらず、ディテールが語るストーリーを理解します。視覚でとらえたディテールは、私たちの思考やアクションにつながります。置かれた状況に対する「感情」を呼び起こすこともあれば、相手への「直感的な反応」につながることもあります。

現実では、このようなディテールを常に目にしています。動画なら、誰かが意図的にカメラを向けなければ見えません。その誰かとは、皆さんです。

ディテールに焦点を当てたショットを追加すると、深みと現実感のある動画になります。ディテールを見せる目的で撮影した映像（フッテージ）は、「Bロール」と呼ばれることもあります。バスケットボール選手のインタビューを編集するなら、「Bロール」の候補には、フリースローを打つところ、スタンドで応援しているファンの顔、ボールを持つ手のクロースアップなどがあるでしょう。

「Bロール」という用語は、フィルム編集に由来します。当時はつなぎの効果（ディゾルブなど）を加えるには、フィルムが2本必要でした。それが転じて、いつしか「予備」の映像を意味するようになりました。しかし、私は「Bロール」という名前はふさわしくないと思っています。Aよりも劣るような印象の呼び方ですが、実際には動画を引き立てるフッテージだからです。

よくできたディテールショットは、印象派のアーティストが使う細かい筆遣いにも似ています。小さい筆跡がすべて合わさると、部分を集めたものをはるかに超越した全体になります。雰囲気を伝えるディテールをしっかり見せると、動画に深みが加わります。

ここで少し禅を試してみましょう。撮影する前に、自分自身がズームレンズに「なりきり」ます。目を使って動画のヒーローを細かく観察します。どこが面白いと思いますか？ 目で「ズームイン」して、より細かいディテールに注目します。今度は何に興味を引かれましたか？ もっと拡大しましょう。何が見えますか？

部屋の中も、同じように見てみましょう。自分のストーリーを語るのにふさわしいディテールを探します。ストーリーとかけ離れたディテールも探します。対照をなすディテールは、常に興味をそそるものです。娘の誕生パーティーで、年配の人たちは何をしていますか？ ダンスパーティーなのに、踊って**いない**中学2年生を観察しましょう。どのようなディテールが目につきますか？

ディテールはストーリーを語ります。男性の額に光る汗は、懸命さを意味することもあれば……

……緊張や不安を表すこともあります。

この女性の手は不安を表していますか？ 膝の上に静かに置かれているだけでしょうか？

TRY THIS

神は細部に宿る

日常の行動範囲から、場所を1つ選びます。ビデオカメラまたはスチールカメラを持って、いつもと同じように立ったり、座ったり、横たわります。

周りを見回してディテールを探し、見つけたものを素早く撮影します。難しく考える必要はありません。

たとえば、私がデスクでパソコンに向かっている時にはこのようなものが見えます。おやつに食べたブドウの茎が入った、空のボウル。Radio Shack に返品する時のために捨てずに置いてある、マイクの箱。30 インチモニターに立てかけてある、スティーヴン・プレスフィールドの「やりとげる力」（原題：The War of Art）とロザモンド・ストーン・ザンダーおよびベンジャミン・ザンダーの「チャンスを広げる思考トレーニング」（原題：The Art of Possibility）の背表紙。ティッシュの箱。脚本の執筆に使っている大量のカード。整理されていない CD の山。蛍光ペン。3 か月前の誕生日にもらったスパのギフト券。

こうしたディテールは、私について、どんなことを語っていますか？判断は皆さんにお任せしますが、私の笑顔が見える単純なポーズ写真よりも多くを語ることは確かです。

Chapter 39

前景を使用する

私がいるオフィスの窓からは、カリフォルニアの午後の明るい陽光を浴びる、1本の木が見えます。はじめは、その木に咲く花しか目に入りませんでした。しかし、意識を向けると、私と木の間にはたくさんのものがあることに気付きました。私が座るコーナーデスクの片側にはプリンターが置いてあり、窓枠より少し上まで出っ張っています。プリンターの右側には、関節可動式のアーティスト用人体模型が立っています。その奥に窓枠と網戸があり、その網戸越しに、木が見えます。

皆さんも周りを見回してみましょう。どこにいても、視界の中には意識のレベルが違うレイヤー（層）があることに気づくはずです。1つのものに注意が集中していても、実際には、それ以外のものがあります。道路の向こうの歩道を歩く女性を見ている時には、女性との間を次々に行き交うクルマは目に入らないでしょう。しかし、実際には、何台ものクルマが通り過ぎています。

私と木の間にあったデスクとプリンターのように、クルマは視界の「前景」の中にあるのです。

木に咲く花には、2とおりの撮り方があります。

花にピントを合わせる撮り方と……

……花を見ている「人」についての情報を伝える撮り方です。

ディナーと映画

前景の撮影を練習するのに、ディナーの席はぴったりです。相手の短いショットを撮る時に、食べ物に伸ばす腕がレンズのすぐ前を横切るようにしてもらいましょう。ろうそくやケチャップのボトルは動かしません。そのような要素を前景として、相手を撮影します。

再生すると、ポーズをとった人物や、人物だけを写した動画よりもずっと現実感のある画になっているはずです。

ショットの現実感を増すために、映画やTV番組の監督はさまざまな前景要素を利用します。エキストラにカメラのごく近くを歩いてもらうと、動いている人がいることを示せます。若い夫婦の色褪せた写真越しに、車いすの老人を写すこともあります。前景要素をうまく使うと、見てほしいものに集中させると同時に、そのショットに関する重要な情報を伝えることができます。

動画を撮る時には、撮りたい人やモノとカメラの間を遮る、「邪魔」なものを動かしたくなります。しかしその結果はやや不自然に感じられます。現実世界では、必ず中間に何かがあるはずです。邪魔を取り除くことで、情報を伝えるチャンス、面白い映像を撮るチャンスを失っているとも言えます。

前景要素を加えると、あるいはそこにある邪魔なものをどかさずにおくと、ショットに奥行きや立体感が出ます。被写体とレンズの間に何か（誰か）があるように、ショットのフレーミングを設定します。前景要素はピンボケでしょうが、それで良いのです！映画制作では、前景要素を入れるために大金を費やしています。

前景要素があると、ショットから空間や場所を読みとれるようになります。母の日に、おばあちゃんに贈るビデオ「カード」を作るなら、赤ちゃんをベビーサークルの上から撮る代わりに、サークル越しに撮影します。子どものサッカーを撮るなら、周りに誰もいなくなるタイミングを待つのではなく、友人が手前にくるようにフレーミングします。誕生日の女の子が主役のショットでは、火のついたろうそくを立てたケーキを運ぶ人が、カメラのすぐ前を横切るようにフレーミングします。インタビューなら、聞き手の肩越しに、メインの人物を撮影します。

人間の目が日常的に周囲を見るのと同じようにカメラを使うと、現実感が増します。

Chapter 40

背景を
チェックする

最近、著名なコミックブックアーティストたちがチャリティイベントでインタビューを受けている動画を観ました。彼らは自分たちが協力しているチャリティを熱心に語っていて、いつもの私なら感動して募金に応じたことでしょう。しかし私は、彼らの頭から生えているようにしか見えない、巨大なイベントロゴが気になって仕方がありませんでした。とても大きく、とても目を引いたので、被写体の背後からのしかかるようなロゴに気付かないカメラマンなどいるのだろうかと、そればかり考えていました。

被写体の素晴らしさに気を取られ、背景に気を配るのを忘れて撮影してしまうことがあります。俳優の後ろでハンバーガーを食べながら、レンズをじっと見ている人はいませんか？ 窓にカメラが映り込んでいたり、俳優の影が不気味に迫っていたりしませんか？ 背景が明るすぎて視聴者が見づらくはないでしょうか？

背景はショットにプラスに働くべきで、不利に働くようではいけません。周囲を見渡してから撮影を開始しましょう。そうすれば、不要なサプライズが忍び込んでいることに、後で気付くこともありません。

TRY THIS

背景を確認する

ヒーローを見たらその次に、ショットの四隅を見ることを習慣にします。ショットにふさわしくないものがあれば、背景を変えます。目を引く背景要素はフレームから除き、視聴者がヒーローに集中できるようにします。背景が必要以上に明るい場合は、照明を消したり、カーテンを閉めて暗くします。単純に照明を消すだけで、邪魔な背景が見えなくなる場合もあります。

実際の背景を変更できない場合は、カメラを少し動かして、邪魔な要素をフレームから外すようにします。または被写体とカメラの両方の場所を移動して、まったく別の角度から撮ることも考えましょう。

Chapter 41

アングルを
変える

ハリウッドのモールで、こんな場面がありました。コスチュームをまとった映画のスーパーヒーローがリムジンでやってきて、イベントのために店内に歩いて入っていきます。大人の目線の高さで撮影すると、ヒーローと店長が握手をするところ以外は、写るのは周りの子どもたちの頭ばかりです。それでは、膝を曲げて子どもの目の高さに合わせたらどうなるでしょう。とたんに、子どもたちの世界に入ることができます。コミックの世界からやってきたキャラクターがそばを通ると、子どもたちの顔はぱっと輝きます。話しかけようかどうしようかと、身をよじるような様子。待った末に憧れのヒーローにハグしてもらえた喜びも見えます。

この例では、撮影時のアングルを変えたことで、動画の意味がまったく別のものに変わりました。カメラアングルは、映画の言語の一部です。話し言葉の抑揚と同じように、アングルが変わると、メッセージの受け取り方も変わります。映画や動画を観て育った世代は、直感的に映画の言語を理解します。私たちも今度は、話し方を学びましょう。

人はいつも同じ位置にカメラを構える傾向があります。モニターを見ている時には胸の高さ、ビューファインダーをのぞいているなら目の高さです（当然ですね）。どちらにしても、被写体をその高さから真っすぐの見た目で写そうとします。そうすると、何を撮っても同じような印象になってしまいます。映画や動画の世界では、一本調子は避けるべきものです。

一本調子を抜け出すには、被写体が透明の球に囲まれていると想像します。すべてのショットは、その球の上の好きな場所にカメラを設置して撮ることができます。被写体の上や下、周り、前や後ろなど、どこでもかまいません。こう考えるだけで、カメラ位置の選択肢は爆発的に増えます。

いったい、どれだけの選択肢があるかって？ 良い質問ですね。想像上の球の上に、1度単位で緯線と経線を引くと、129,600の交点ができます。その選択肢の中から好きな位置を選び、被写体にカメラを向けることができます。

それでは、球のサイズが変わったらどうでしょう。被写体を中心に、半径30センチほどの球には129,600個の交点があります。半径3メートルの球にもそれとは違う129,600個の交点が、その間の半径の球にもまた129,600個の交点があります。それだけではありません。交点に設置したカメラは上または下に向けたり、左や右に向けることもできます。少しでも動かせば、フレーミングが変わります。それまで見えていた足が、カメラの位置が変われば見えなくなるわけです。

計算してみましょう。足していくと、えーと、2桁増えて……なるほど、分かりました。無限です。カメラアングルには無限の選択肢があります。

もちろん、いくらかは制限もあります。途中の木が邪魔で、使えないアングルもあるでしょう。物理的に被写体の上方には行けない場合もあるでしょうし、地面に横たわって服を汚したくないこともありますね。そうだとしても、カメラをどこからどう向けるかについて、私たちには1億兆もの選択肢が残っています。2億兆かも知れません。それだけあれば、視線の高さから真っすぐにとらえた、退屈で、意味のないショットを避けるのに足りるはずです。

被写体を囲む球を想像してください。球上の好きなところにカメラを設置できます。球の半径も好きに変えられます。

コンフォートゾーンから脱け出す

自分の撮影スタイルを客観的に観察しましょう。普段、どのようにカメラを構えていますか？ 次に動画を撮影する時には、いつもどおりに構えていることに気づいたら、そのたびに自分の体とカメラの両方を動かしましょう。

動く時には大胆に。小さく一歩だけ右にずれるのでなく、被写体の背後に回りましょう。カメラをわずかに下げるのではなく、床に寝そべりましょう。

あるショットがうまくいったと思ったら、次も場所を変えましょう。次は球上のどこに移動しますか？ ショットの雰囲気がどう変わるかに注目します。うまくいくかどうかは直観を信じ、思いどおりでなかったとしても失敗を恐れずに、「いつもどおりではないこと」にチャレンジしましょう。

|||||||||||||||||||||||||||||||||||||||||||||||||||||||||||||||||||||||||||||
同じ被写体を 50 とおりの方法で撮影する

もっとたくさんのアングルを試しましょう。協力的でじっと動かない被写体はどこかに居ませんか？ 理想は人間ですが、静物でもかまいません。人形、ボウルに盛ったフルーツ、ランプなど、簡単に動かせて、あなたが面白いと思うものを選びます。被写体には落ち着ける場所に座るか立ってもらい、その時にやりたいことをしていてもらいます。時計または携帯電話のアラームを 5 分後に設定します。

その時間の中で、3 〜 5 秒の**フィクス**ショット（カメラを固定して撮影したショット）を 50 本撮影しましょう。距離、高さ、フレーミング、カメラアングル（傾けたらどうなる？）、ディテール（1 枚の葉だけを撮ったらどうなる？）、前景要素、視点について考え（あなたが被写体だったら、犬あるいはハエだったら、どこから撮る？）、1 ショットごとに観点を変えて撮影します。

最初は難しいでしょう。ショットに「間違い」はありません。「良くない」ショットが撮れたとしても、気にせずに先へ進むだけです。この練習の目標は、カメラのアングルを考え、そのアングルが持つ意味を感じる習慣を身に付けることです。普段の生活でも、良い被写体が見つかったら、この練習を続けましょう。練習を積むと撮影がずっと楽になります。

このイラストは、私が娘を被写体にして撮影した 50 のフィクスショットの一部です。ご覧のとおり、すべてが素晴らしいショットというわけではありません。しかし、目の高さで、真っすぐにカメラを向けたショットが続くより、ずっと退屈ではないはずです。

Chapter 42

三分割法を学ぶ

人物をフレームの中央に配したショットは、恐ろしく退屈です。

　　　なぜでしょうか?

理由は分かりません。しかし、「三分割法」は古代ギリシアで真実とされ、それ以降、アートをかじったことがある人なら誰もが知る原則になりました。

普段自分がどのように物を見ているかを考えると、少し分かってきます。話しかけられて振り向いた時に、相手の顔を視界の中央には据えません。人が動く時には、周囲を継続的に観察し、目は絶えず視界をフレーミングし直しています。左右対称を目にするのは、非常に稀です。日常生活において、ものを視界の中央でとらえる機会が少ないために、そのような見方は、人為的で、退屈に感じられるのです。

自然界に、真の対称はほぼ存在しません。人の顔も左右でわずかに違います。動物も同じように非対称ですし、木、岩、川、山も対称ではありません。それでは、**どんなもの**が対称なのでしょう? 機械加工で作られたもの、計測をもとに作られたもの、人工物、**生命**を持たないものです。

TRY THIS

センターにしない

人物を撮影する時には、その人の目を中央の四角から外します。広大な景観を撮影する時には、フレームの中央ではなく、3分割したラインの上下どちらかに地平線をもってくるようにします。理由は分からなくても、ともかく、ショットの見栄えは良くなります。

動画を撮る時には、何でも真ん中に持ってこようとするものです。残念ながら、その構図では面白くありません。

フレームを縦横に3等分する想像上のラインを引きましょう（三分割法）。

中央の四角形の外にショットの焦点をもっていくと、面白みのある画になります。

人工物の完全な対称性は、「そこに面白いものは何もない」と、人の爬虫類脳に告げます。分かりあえることもなければ、危険もないと。つまり、人は意識の底で、「これらは見ても退屈だ」と解釈するのです。左右対称な写真も同じこと。動画もです。

理屈で説明するとこのようになりますが、ともあれ、被写体を真ん中に据えた対称的なショットは面白くありません。

その救済策が「三分割法」です。この原則によると、ショットのヒーローを中央に配置するよりも、フレームの左、右、上または下側3分の1の領域に配置した方が魅力的に映るのです。その理由をはっきり説明できる人はいませんが、事実そのとおりです。

Chapter 43

自分の作業を
確認する

私が動画の監督をする時、全プロセスの中で最もやりたくない作業が、デイリーの確認です。**デイリー**とは、その日に撮影した、撮りっぱなしの映像（フッテージ）です。編集、カラーコレクション、サウンドエフェクト、音楽など、加工は一切施されていません。

私にとって、デイリーを見返すのは、自分の「間違い」のベスト集を見ているような気分です。マルチテイク、実験的なショット、失敗のショット。デイリーで観るフッテージの大半は、日の目を見ることはありません。「上出来」のショットでも、完成作品でそのまま使われることはほぼありません。ストーリーにそぐわないキャラクターの背後の青空は、後の工程で施される特殊効果によって、雪の積もった山頂に変わります。ドアを思い切り閉めても音はしないし、色もしっくりきません。デイリーを見るのは、私にとっては苦行です。

撮影した動画を見返さない人はたくさんいます。動画はたいてい、テープやハードディスクのファイルとなり、いつか誰かがデスクに座って編集してくれるのをじっと夢見ています。

しかし幸いなことに、もっと良くできただろうにと自分を責めた後は、可能性に目を向けられます。頭の中（またはコンピューター）で、良くない部分を取り除いていきます。すると残った動画は、まるで完成版の動画です（毎回、劇的な変化に驚きます）。

撮影した動画を見返さない人はたくさんいます。動画はたいてい、テープやハードディスクのファイルとなり、いつか誰かがデスクに座って編集してくれるのをじっと夢見ています。

動画をチェックする

次の動画プロジェクトに取りかかる時には、その直前に撮影した動画を観ることからはじめましょう。テープやチップあるいはカメラのハードディスクに保存したままの人は多いはずです。

はじめに戻して再生し、批判的な目で確認します。どう思いましたか？ 変えたいところ、もっとよくできることは？ カメラの使い方にも目を向けます。適切な対象を適切なタイミングで撮っていますか？ ライティングや音などの技術的側面も、いくらか時間をかけて確認します。メモを残しておけば、最高ですね！

ざっくりと見返すだけでも、次のプロジェクトで試すべきことを思い出せます。

しかし、経験を積んだ監督なら2つのことを知っています。1つは、使える部分を見つける唯一の方法は、全部を見て、良いところをメモすること。もう1つは、批判的な目でショットを確認するのは、監督としての能力を高めてくれることです。（3つ目もありました。すぐに見返さないと、そのショットを2度と見ない可能性があることです。1990年に撮影した、自分の結婚式の動画は、未編集のままです。）

Chapter 44

1度失敗したら、原因を考え、潔く別の方法を試す

時間ほど貴重なものはありません。何らかのイベントを撮影しているなら、そのイベントはいつかは終わります。撮影のために雇った人物でも、撮影のために確保している時間が終わったり、我慢の限界を超えれば撮れなくなります。太陽は沈みます。理由が何であれ、動画撮影には常に、時間との戦いがついてまわります。

どんなに頑張っても、何度試しても、思うようにいかないことは必ずあります。同僚に言わせたセリフに説得力がない、スケートボードに乗った弟が**最高に見栄え**の良い位置に着地できない、犬が指示したタイミングでお座りをしない、といったことです。

時間は最も貴重なリソースですから、失敗の繰り返しは、何かを変えろという合図です。

ショットによっては、「失敗という選択肢はあり得ない」と思うこともあるでしょう。しかし、そのようなショットこそが、問題の大元です。時間は最も貴重なリソースですから、失敗の繰り返しは、何かを変えろという合図です。良い撮影には、不屈の粘り強さと、こだわりを吹っ切る柔軟性とのバランスが必要です。いつでも代替案をいくつも持ち、それを使うタイミングを知ることが大切です。

TRY THIS

レンズ越しのブレインストーミング

カメラを手に、街を歩きましょう。クルマが追い越していく、女性がコーヒーを飲む、鳥がさえずるなど、アクションをとらえる練習をします（ショットにはヒーローまたはモノ、動詞が必要です！）。ただし今回は、アクションごとに1ショットではなく、アプローチを大きく変えながら、1つのアクションを3ショット以上撮影します。最初のショットが被写体を真正面からとらえていたら、次はアングルを変えます。最初のショットが短ければ、次はもっと長くしてみます。画角をタイトからワイドに変えたり、被写体にぐっと寄ったりします。

アプローチを変えたことで、アクションの見え方はどう変わりましたか？ 背景はどうでしょう？

3つのショットを見返したら、前よりも良いショットが取れないか、もう一度同じアクションを撮ります。同じアクションについて、考えられるアプローチをすべて試したと思ったら、あと3つ絞り出しましょう。被写体に話しかける、カメラを動かす、同じアクションを複数のショットに分けるなど、思い付いたことを何でも試します。ただし、決断は素早く。良いショットかどうかは問題ではありません。さまざまなアプローチを試すことが大切です。

目標は、柔軟に思考する習慣をつけることです。撮影では、疲れ切ったり、イライラする前に、プランを変更した方が効果的です。ちょっとした創造性を発揮すれば、多大な時間の浪費や精神的苦痛から逃れられます。

ランダムに何かを入れ替えるだけで、すべてが一変することもあります。たとえばセリフを言う人を変えたり、スケートボードが**実際に**着地する場所にカメラを移動するといったことです。

問題を解決するためのアイデアをブレインストーミングするのも良い方法です（30ページの「その場で創造性を絞り出す」参照）。小道具の使い方を変えたり、タイミングずらすことでうまくいくかも知れません。

かつて、未舗装の道を歩く1組のカップルを撮ったことがあります。夕暮れ時、一定の速度で歩く2人の長いショットが必要でした。あいにくドリー（カメラを搭載した台車が、レールの上をとても滑らかに動きます）は、前の撮影場所に置いてきてしまいました。太陽が沈みかけていたので、取って来るのを待つ時間はありません。

困った問題が起きたと考えていると、グリップがドリーの代わりにクルマを使えないだろうかと提案してくれました。SUVのタイヤの空気をいくらか抜き、トランクにカメラを取り付けました。ギアをニュートラルに入れてゆっくりとクルマを押し、クルマの後から俳優たちが歩いてきます。サスペンションのおかげで振動はなく、完璧なショットになりました。

もちろん、うまくいかないこともあります。そのような場合には、たいてい、あきらめることが最善の策です。セリフが長くて、同僚がうまく読めないなら、無理には読ませません。読める程度の長さにセリフを区切って撮影し、後でつなぎ合わせます。10回試しても友人が駐車スペースにクルマをきっちり停められないなら、そこに向かって走ってくるところを撮影し、ギアをパーキングに入れるクロースアップにカットします。ギアを変えるタイミングで、誰かがクルマを少し揺らせば完璧です。

動画には予期しない問題がつきものです。全世界が共謀して、撮影の邪魔をしているように感じることもあるでしょう。世界をしっかりと直視しましょう。はじめのアイデアを撤回し、別のアイデアをもって対処することも、時には必要です。それも無理な時には、あきらめます。撮影の1日は、いつかは終わります。

Chapter 45

運を
味方につける

撮影は、大陸横断旅行と同じようなものだと考えましょう。目的地と大まかなコースを決めなければ、どこにも到着できません。そして、旅行の楽しみは、遠回りや寄り道にあるものです。

「ゴッドファーザー」の冒頭で、マーロン・ブランド演じるマフィアのドンは、娘の結婚披露宴が催されている傍ら、書斎で客からの祝福の言葉や頼みごとを聞いています。ブランドは、ある客の娘に暴行した男を殺すべきかどうかを話し合いながら、膝の上に抱いたネコを優しく撫でています。ネコを優しく可愛がる様子と、2人の男の殺人を命令できること人間であることとの対比が、ドン・コルレオーネを恐ろしく、そして魅力的に見せています。

「ゴッドファーザー」ファンには知られていることですが、台本にネコは書かれていません（映画を観ていない方は、ぜひご覧ください。お勧めします。35歳以上の男性ならきっとハマります）。このシーンを撮影していたスタジオに、1匹の野良ネコがいました。ブランドがそのネコを抱き上げ、フランシス・フォード・コッポラ監督が同意したことで、映画史に残るシーンが生まれたのです。

何という偶然でしょう。台本から膨らませた構想に固執するのではなく、運を味方につけた監督。お見事です。

自分のビジョンを貫いた方が良い場合もあれば、なりゆきに任せた方が良い場合もあります。撮影は、大陸横断旅行と同じようなものだと考えましょう。目的地と大まかなコースを決めなければ、どこにも到着できません。しかし、計画していたカリフォルニアへのルートを変更して、イエローストーンに立ち寄ってもかまわないのです。時間は余計にかかるかも知れませんが、楽しい時間を過ごせることでしょう。

動画も同じです。何の計画もなしに株主総会を撮影しようとすると、**大事なことを撮れない**可能性があります。撮影すべき部屋を間違えたり、重要なスピーチを撮り逃したり、別のパーティー会場に行ってしまうかも知れません。撮影プランがあれば、ゲストスピーカーが突然インタビューに応じてくれることになったとしても、そのために何を撮れなくなるかを正確に把握できます。全体を考えて、何を撮るべきかを賢く選択できるわけです。

Chapter 46

セリフをしっかり録る

セリフや会話の録音は、良いサウンドの出発点です。撮影時に録音したセリフや会話を視聴者が聞き取れないなら、最高の音楽を追加したとしても、どうにもなりません。

ビデオカメラ内蔵のマイクは、カメラと被写体の間で発生した音声をすべて拾います。被写体までの距離が長いほど、無関係のノイズが増えて、被写体の声が遠くに**聞こえます**。中間で発生するノイズが大きくなると、問題も大きくなります。

1.5 メートルほど離れたところから、結婚式の招待客にインタビューするとしましょう。レンズのズームを調整すれば、その女性をフレーム内にぴったり収めるのは簡単です。しかし、ズームマイクといったものは存在しません。レンズと違い、マイクには焦点を合わせる機能がないのです。賑やかな結婚式場で 1.5 メールも離れたら、サウンドトラックは、招待客たちの騒がしい声であふれます。被写体は近くにいるように見えるのに、声はとても遠くから聞こえるのです。このような不一致は、インタビューを見づらくします。

カメラ内臓のマイクを使ううえで一番大切なのは、使わないという選択肢を検討することです。

さらに悪いことに、カメラにはおそらく「オートゲインコントロール」が搭載されています。これは、音声を力強く一定レベルで録音できるように、マイクからの入力ボリュームを調整する電子回路です。残念ながら、この機能は周囲のノイズと被写体のインタビューを区別できません。ノイズが多く、ノイズのボリュームが上がるほど、本当に欲しい音が埋もれてしまいます。

人がまるで空き缶の中で話しているように聞こえる動画を観たことがありませんか？ エコーがかかっているせいで、言っていることが理解できません。どんな部屋でも、少しはエコーがかかるものですが、人間のステレオ並の耳と賢い脳は瞬時にそれを調整します（人の目が明暗に馴染むのと同じことです）。しかし残念ながら、マイクはその調整ができません。オートゲインコントロールはエコーのボリュームも上げ、それが声に合わさると、不明瞭でくぐもった声になります。

カメラ内臓のマイクを使ううえで一番大切なのは、使わないという選択肢を検討することです。極めて静かな環境で、被写体との距離が近ければ問題はないでしょう。しかし、関係のない音がある場所や、音響が悪い場所で撮影する場合、または被写体から1メートル以上離れる場合は、内蔵マイクは使用しません。

1対1のインタビューには、内蔵マイクの代わりに**ラベリアマイク**を使用します。ラベリアマイクは小型のマイクで、シャツにクリップで留め、カメラの音声入力端子につないで使います（ワイヤありも、ワイヤレスタイプもあります）。

被写体が複数いて、彼らが比較的近距離にかたまっている場合は、**ガンマイク**が便利です。ガンマイクは、ブームと呼ばれるポールにマイクをぶら下げたもので、話す人の方へ傾けて使います。ガンマイクを使うには、アシスタントの手助けが要ります。話す人物が2人以上いて、音声にこだわりたい場合は、ラベリアマイクかガンマイクを複数使用し、ミキシングコンソール経由でカメラに音声を送ります。

TRY THIS

マイクを賢く利用する

映像をモニターでチェックするように、音声もチェックします。ヘッドフォンをカメラのオーディオ端子につないで、撮影しながら、カメラが録音している音声を聞けるようにします。

良質な音声を録音したいなら、外付けマイクを使いましょう。騒々しかったり、エコーがかかる空間なら、ほかの場所に移動します。内蔵マイク以外の選択肢がない時には、声を聞き取りたい相手のすぐそばに行きます。

ショットガンマイクは、一般に、狭い範囲の集音に向いたマイクだと考えられています。販売員は、「サッカー場の向こう側からでもはっきり会話を録音できる」と説明するかも知れません。しかし残念ながら、ショットガンマイクも周囲のノイズを拾います。遠くから内蔵マイクを使うよりはクリーンな音でしょうが、それでも距離があるので、音声は遠くから届いているように聞こえます（高品質のマイクには、マイクの背後や側面のノイズをそれほど拾わないモデルもあります）。近いほど良いわけですから、マイクも近付けましょう。

音についての考察

動画は、映像の集合です。人生は、目で見た映像によって構成されています。

日常においても、聴覚などのほかの感覚よりも、視覚的な手掛かりに大きく頼って生活しています。私がこう言っているのを知ったら、友人のサウンドエディター、ジェイ・ローズ（「Audio Postproduction for Film and Video」の著者）は私を嫌なやつだと思うでしょうが、映像はいつだって音声に勝るものです（元ラジオDJとして、私も本当はこんなことを言いたくはありません）。

実際、ジェイはその意見を冷静に受け止めてくれました。彼もそれが事実だと知っているのです。セットあるいはミキシングスタジオに足を運んだことのあるサウンド関連のスタッフなら、誰でも知っています。音声はいつでも、動画の脇役です。良い映像を撮るか、良質の音声を録音するかの選択を迫られたら、監督は必ず映像を選びます。

しかし（いいですか、"逆"のことを言いますよ）、今の時代は大がかりなホームシアターシステムにスピーカーをつながなくても、薄型テレビに高音質のステレオスピーカーが内蔵されています。ノートパソコンにも、たいていは高品質のスピーカーが内蔵されています。あるいは、外付けスピーカーに簡単に接続できます。スマートフォンのようなデバイスには、オーディオミックスを視聴者の頭に届ける高性能のイヤフォンが付属しています。

切れ者のプロデューサーが、手間を惜しまずに音声に取り組むのは、これが理由です。音が良ければ、視聴者を動画に引き込みます。音が悪いと、視聴者はそっぽを向いてしまいます。

Chapter 47

複数台のカメラを使用する

コントロールできないこと、ものすごく重要なこと、一度しか起きないことを撮影する場合には、複数のカメラで撮影することを検討します。ビルの爆破を 2 台のカメラで同時に撮影すれば、ビルが崩壊する完璧な瞬間をとらえられるチャンスが 2 倍になります。大統領の演説を 2 箇所から撮って映像を切り替えれば、完成した動画はぐっとプロらしくなります。

ヒップホップのコンサートなら、2 人（またはそれ以上）のカメラマンで撮影しましょう。フッテージもインタビューも 2 倍になります。それに、1 台では撮れないディテール、違う視点からの映像がたくさん撮れます。

ビルの爆破を 2 台のカメラで同時に撮影すれば、ビルが崩壊する完璧な瞬間をとらえられるチャンスが 2 倍になります。

大規模なクルーは必要ありません。カメラを 1 台ずつ持った人間が、2 人いれば十分です。ただし、複数台のカメラを使う場合には、注意すべきことがあります。

ホワイトバランス：妻と私がリビングルームの天井を白く塗り替えるためにペンキを買いに行くと、「白」のペンキには何百種類ものバリエーションありました。エッグシェルホワイト、ナバホホワイト、オフホワイト、ミディアムホワイト、パテなど、50 種類以上の色見本を持ち帰り、その中から選ぶことにしました。

持ち帰った色のうち、どのペンキで塗ったとしても、「白い壁」に変わりはないでしょう。しかし、さまざまな白の色見本を並べると、どれも純粋な白ではありません。青みがかった白、ピンクレッドやピンクオレンジの色味を帯びた白もあります。ほんのり緑がかった白もありました。（グラフィックデザイナーである妻の意見によると）私の家の壁の色にぴったり合う白は、1つだけです。これだ、と思う白を選ぶのに、1週間かかりました。

TRY THIS

テスト撮影を行う

実際の撮影日の数日前に、チームのメンバーおよび使用する機材を集めます。可能なら、現地の状況を理解できるように、実際の撮影場所に集まりましょう。

打ち合わせの第一目標は、撮影の技術面について話し合うことです。互いが目線に入らないようにカメラマンの立ち位置を検討したり、両方のカメラでどう音を拾うかを決めます。被写体の声はマイクで拾いますか？ マイクはどちらのカメラにつなげますか？

技術的な問題がなさそうなら、計画に沿ってテスト動画をいくらか撮ります。こうすれば、問題がないことを確認し、問題ある場合にはそれに対処するために、本番まで数日の余裕を持つことができます。

ビデオカメラでも同様の選択が必要です。通常は、この操作は自動で行われ、撮影者が何かをする必要はありません。カメラは明るく照らされた広い面を探し、そこを白だとみなします。それに合わせて、フレーム内の残りの色を調整します。その結果、全体がややオレンジがかることもあれば、青みがかることもあります。1台のカメラで撮った動画なら、調整が目につくことはそうそうありません。

しかし、別々のカメラで撮影し、異なる白を基準にホワイトバランスが自動調整されていると、つないだ時に問題が明らかになります。同じ人物が、あるアングルからは青みがかり、別のアングルではややオレンジがかって見えるような状況は、好ましくありません。

この問題を回避するには、カメラに AWB（オートホワイトバランス）機能の切り替え機能があるかどうかを確認します。ある場合は、オフにします。その状態で、両方のカメラを同じ明るさの白い面に向け、手動ホワイトバランスボタンを押します。これで両方のカメラが同じ色を「白」だとみなし、色合いが揃います。

手動ホワイトバランスがない場合は？ 全く同じカメラ機種を使用すると、ホワイトバランスが揃う可能性が高くなります。カメラの映像の色合いが完全には揃わなくても、高機能の編集ソフトウェアには色補正（カラーコレクション）機能があります。

音声同期： 同じできごとを複数のアングルから撮影すると、音の問題に遭遇することがあります。たとえば、近くと遠くの 2 台のカメラでインタビューを撮影する場合などです。2 つの映像を切り替えるたびに、インタビューの声が、画像と同じように遠くまたは近くから聞こえます。

この問題を解決するには、1 台のカメラを「マスターサウンドカメラ」にします。被写体にしっかりマイクを向け、十分に音声を拾えるようにしたら、古き良きハリウッドにならい、カチンコを使って 2 台のカメラを同期させます。

カチンコとは、黒板の上に白い縞模様の拍子木が付いたもので、映画撮影ではカメラの前でカチンと鳴らします。映画撮影に使うカメラでは、録音はしません。音声は必ず専用のデバイスで録音し、映像に同期します（高性能の HD ビデオカメラでも同じように、録音は別にします。このようなカメラで録音できるのは 2 トラックのみで、たいていの映画では、それでは足りません）。カチンコは切れのいい音を出します。サウンドエディターがその**カチンという音**と、カチンコが閉じる瞬間のフィルムフレームを同期すると、その後の音声と映像は完璧に揃います。

皆さんもカチンコを使いましょう。手元になければ、手でも代用できます。カチンコの代用になる手に、両方のカメラを向けます。両方のカメラの録画を開始し、手の持ち主に、レンズの前で**パチン**と手を叩いてもらいます。編集する時に、パチンという音と、映像の両手が合わさる瞬間を揃えると、すべてのトラックが同期します（カメラを回すたびに、これをやる必要があります。途中でやめてしまうと、同期する術もなくなります）。

撮影開始の時に音を鳴らす道具は**カチンコ（スレート）**と呼ばれ、音声の同期に使用されます。

Chapter 48

撮影を終える
タイミング

撮影は楽しいものです。どの監督も例外なく、夢中になります。同時に、優れた監督は、余分な撮影はコスト（および時間、協力者の好意）を無駄に浪費するものだと知っています。また、余分なフッテージ（映像）が多すぎると、編集が難しくなることも分かっています。

さらに、「まさに私が思い描いていたとおりだ。これで終わりにしよう」と言える能力が、芸術的判断の根幹であることも知っています。

そのタイミングを見つけましょう。その判断ができてこそ、あなたが作った動画だと言えるのです。

TRY THIS

終わりのチェックリスト

一日の終わりが近付いたら、撮影を止め、以下の監督用チェックリストを確認します。

- 絶対に必要なショットで、まだ撮影していないものは？
- 撮影を続けた方が確実に良くなるショットはあるか？
- 本当に必要な時間は、あとどれくらい？
- 撮影を続ける場合のコストは？（金銭的コストだけでなく、人間関係への影響についても考えます）

PART 5

ジャンルごとの撮影方法

バイラル動画とはいったい何か？ スタントを撮影するには？
マーケティング動画は？ ハウツーものは？ インタビューは？
このセクションでは、一般的な動画ジャンルを取り上げ、
各ジャンル特有の課題に対応する方法を紹介します。

**素敵なミュージック動画を撮影したい方にも、
ご近所さんが眠くならないようなバケーション動画
を撮りたい方にも、このセクションは役立ちます。**

Chapter 49

世界一かわいい
子どもの撮り方

ええ、もちろん、あなたのお子さんのことですよ。おめかしして洒落たところに連れて行こうとすると、「まあ、なんてこと！ ダメよ！ まともな服を着てちょうだい！」「何度も同じことを言わせないで！」「妹をぶたないの！」と言わせる子どもたちのことです。おや、脱線しましたね。何の話でしたっけ！？

子どもたちとの思い出を記録しておきたいのだと仮定しましょう。祖父母に見せることだけでなく、後で懐かしく見返す時のことを考えましょう。撮影時に心にとめておきたいことを以下に紹介します。

ジョニーが皿にはいったオートミールをシェリアの頭にぶちまける瞬間の動画は、2人がお行儀よく座って食べている時よりもずっと面白いはずです。

アクションは顔に現れる：動画全般に言えることですが、子どもの動画では特にそうです（109ページの「被写体の白目が見えてから撮る」参照）。目が見えないと、彼らの反応を本当には読みとれません。また、子どもたちの顔はどんどん変わっていきます。顔のショットがしっかり撮れていると、成長の様子がよく分かります。近くから撮りましょう。

ショットは短く：誰かに子どもの動画を見せるのと、バケーションで撮影した動画を見せるのとに、違いはありません。短くまとまっていて、何か面白いことが起きさえすれば、十分に楽しめます。面白くない動画なら、もっと短くするべきです。何も起きないなら、写真1枚で代用できます。いいですか、あなたの子どもの愛らしさだけでは、他人には面白くはありません。それをしっかり理解し、退屈させないようにしましょう。

編集で短くする：本格的な編集スキルは必要ありません。動画を親戚に送る前に、カメラ付属のソフトウェアかフリーで入手できる簡単な編集ソフトを使用して、退屈な部分を削除します。そのひと手間で、きっと喜んでもらえるはずです。

行儀良くしている様子よりも、いたずらの方が楽しいものです。

行儀良くしているよりも、いたずらの方が、楽しい：良い子が、まじめに、良いことをしている動画を観たがる人はいません。10年後の皆さんも、きっとそうです。信じられませんか？ それでは、皆さんは、誰かに話すとしたら、次の２つのうちどちらの話をしますか？ 全員がきちんとテーブルにつき、美味しい料理を行儀よく食べた時のことでしょうか？ それとも食事の席で面白いジョークが飛び出し、ウケた妹が笑いをこらえると、鼻からミルクが出てきたことでしょうか？

ジョニーが皿にはいったオートミールをシェリアの頭にぶちまける瞬間の動画は、２人がお行儀よく座って食べている時よりもずっと面白いはずです。子どもがペンキに手を浸して、リビングルームの壁中に手形をつけている？ ともかくビデオカメラを構えましょう。怒鳴るのはその後です。結婚式で披露する動画を編集する時が来たら、撮っておいて良かったと思うはずです。

質問する：5歳の子どもに、結婚式のこと、おじいさん・おばあさんのこと、生まれた赤ちゃんのこと、初めて学校に行った日のことを聞いてみましょう。とても可愛らしい動画になります。

子どもが成し遂げたことよりも、子ども自身が面白い：初めて出場したティーボールの試合で、子どもがヒットを打つかどうかは分かりません。やって来るかどうかが分からない瞬間を撮ることに集中していたら、試合の雰囲気、友だちとのやり取り、打席に向かう時の気持ちをとらえられなくなってしまいます。

ストーリーを考えると、ゆとりが生まれます。「マシューが発表会で完璧に演奏した」は、ストーリーではありません。「マシューが、はじめてのチェロ発表会で演奏した」が、ストーリーです。前者は彼がどれだけ音楽に長けているかに注目しています。そのような動画は根本的につまらないうえ、8歳の少年の演奏は、たとえ間違いなく弾けていてもそう面白くはありません。彼の練習ぶり、事前のリハーサル、先生が名前を呼んだ時の不安げな表情といった、演奏までの過程がストーリーです。このような瞬間を加えると、感情のこもった、印象深い動画になります。

撮影者は子どもの代行者：皆さんは、自分のためだけではなく、子どもたちの代わりに撮っているのです。6歳の子どもは自分で動画を撮れませんからね。友だちの顔、教室のワイドショット、コーチなど、子どもや子どもの将来の子どもが後で見て喜びそうなものにも、少し時間をかけましょう。

Chapter 50

眠くなる
バケーション動画は
おしまい

高級なすし屋でディナーをとっていると、仕事上の知人がノートパソコン
を取り出し、最近行ったアフリカでのフォトサファリの動画を見せてくれ
ました。20分間にわたるショットで、映っていたのは、カメラから遠ざ
かるチーター、サル、ゾウたちのお尻です。動画から取り出した静止画
をまとめて、「動物の尻」というしゃれた写真集を作ってはどうかと提案
しましたが、乗り気ではないようでした。

コダックのエクタクローム全盛時代に、バケーションのスライドを見たこ
とのある人なら分かるでしょう。その時代と変わりなく、他人のバケーショ
ンの動画を最後まで観なくてはならないとしたら、苦痛です。幸い、ちょっ
とした工夫であっという間に良くなります。手を加えると、ずっと面白く
なります。次の休暇では、以下を試してください。

ショットは短く：特別変わったことをしていないなら、ショットは10秒
以内にします。これだけで、何も手を加えなくても、ずっと面白いバケー
ション動画になります。

休暇と撮影の割合も考慮しなければいけません。1日あたり10時間観
光するとしましょう。1時間あたり、10秒のショットを2本撮るとすると、
撮影時間は1日あたり200秒です。3分半もあれば、1日の記録とし
ては十分な長さです。

編集するなら、もっと長く撮影してから、1 日 3 分程度の動画になるように余分なところをカットしましょう。しかし、私のように面倒くさがりの人は、カメラを回す回数を 1 時間あたり 2 回と決めてしまう方がずっと簡単です。撮影のときに編集まで終わっていて、あとは披露するだけです。

音楽を設定する:音楽に合うように動画を編集する必要はありません（もちろんしてもかまいません！）。後から音楽を追加するだけです。雰囲気に合った音楽は、想像以上に動画を引き立ててくれます。また、音楽は動画に動きも与えてくれます（222 ページの「音楽をつける」参照）。

景色よりも人物の方が面白い：高性能カメラで撮影し、60 インチの HD モニターで再生するなら、美しい湖の向こうにたたずむアディロンダック山地の壮大なショットは、あなたが期待するとおりインパクト大の映像でしょう。しかし、YouTube に投稿して動画のリンクを送るつもりなら、それは期待できません。

動画は、後で観て楽しむためのものです。覚えておきましょう。10 年後に見たいのは、木々ではなく、その時一緒に過ごした人たちです。ナイアガラの滝を見に行ったら、**霧の乙女号**に乗った家族のショットで十分です。わざわざ滝を撮る必要はありません。いずれは滝になる川をずっと手前から撮った遠景など、意味はありません。その場所ならではのことをしている人々を撮影しましょう。その場所の雰囲気がしっかり伝わります。

コダックのエクタクローム全盛時代に、バケーションのスライドを見たことのある人なら分かるでしょう。その時代と変わりなく、他人のバケーションの動画を最後まで観なくてはならないとしたら、苦痛です。幸い、ちょっとした工夫であっという間に良くなります。

ストーリーを加えてレベルアップ：事前にストーリーを決め、そのテーマに沿って撮影を進める方法があります。その旅行の一番の見どころ、興味の中心は何ですか？

「サラの初めての飛行機」は、バケーション動画としては実に魅力的なテーマです。折に触れて4歳のサラに感想を聞きましょう。「ジョンソン一家、アメリカを発つ」がテーマなら、母親が航空券を見せて、家族を驚かせる日から撮り始めましょう。パスポート申請書に記入するシーン、フライトアテンダントのおかしなアクセント、家族が初めて外国の地を踏んだシーンもあれば効果抜群です。「ジェレミーのミッキーマウス探し」なら、8歳の少年の自信に満ちた様子、マジック・キングダムで大好きなディズニーキャラクターについていったり、怖がって逃げ出すところを撮影しましょう。ありふれたディズニー訪問記よりもずっと素敵です。

1度の旅でも、ストーリーを日によって変えても、**1時間ごと**に変えてもかまいません。建造物をただ撮るのではなく、一貫したテーマを設定すると、誰もが観たくなるようなバケーション動画になります。

Chapter 51

結婚式や卒業式などのセレモニー

一般的なセレモニーはあらかじめ流れが決まっているものです。したがって、このセクションのキーワードは「予測」です。先を読むと、どこに立てば最高のショットが撮れるか、セレモニーの次には何を撮るべきかを予測できるようになります。

ブレインストーミングにエネルギーを割いて、セレモニーの感動ポイントを事前にリストしましょう。これはショットリストにもなります。たとえば、結婚式なら、過去に参列した結婚式を思い返して、どんな光景が繰り広げられるかを予測（ブレインストーミング）します。

- ゲストが到着する
- 新婦とブライズメイドが支度を整える（その様子を撮れない場合は、支度部屋から出てくるところ）
- 新郎が到着する
- 教会、シナゴーグ、庭園、ホールなどに親戚が着席する
- グルームズマンが一列に並ぶ
- 愛らしいリングベアラーとフラワーガール
- ブライズメイドとグルームズマンが入場する
- 新婦が入場し、通路を歩く
- 新郎新婦が祭壇の前に立つ
- 司式者が式を進行する

- 誓いの言葉
- キス
- 退場

挙式後：

- ブライズメイドとグルームズマンが記念撮影をする
- 家族や親戚たちが記念撮影をする
- たくさん酒を飲む
- 新郎新婦が披露宴に到着する
- もっと酒を飲む
- 料理
- ゲストのグループ（着席または立っている）が歓談する（インタビューのチャンス）
- バンド（または DJ）が演奏を始め、花嫁とその父親が踊り出す
- 乾杯と、新郎新婦の恥ずかしいエピソードの披露
- ブーケトスとガータートス（あれば）
- ケーキカット
- かわいいリングベアラーとフラワーガールが疲れて寝てしまう
- リムジンまたは派手に飾り立てたクルマで、新郎新婦が退場する

セレモニーは同じようなリズムと流れで進行するものです。

リズムを予測すれば、撮りたい場面をとらえられます。

準備すれば、決定的な瞬間を逃しません。

ブレインストーミングでリストができたら、式を控えたカップルに見せて、実際にすることと、しないことを確認してもらいましょう。必ず撮ってほしいことを聞くのも良い考えです。また、可能なら、どこから撮るかを決めておきましょう。式が始まる前に、教会の中と外を見て回ります。披露宴会場も同様です。情報はあなたの味方です。どんな些細な情報でも役立ちます。

リストを見ながら、いくつかのイベントについて事前に計画しておきます。

「新婦が通路を歩いて来る」ショットはどこから撮るのが一番か？　乾杯はどこで行われる？　式場から披露宴会場に、ゲストが一斉に移動するとしたら、先回りして彼らの表情を撮れるか？　ところで、新婦の支度部屋はどこ？

一般的なセレモニーはあらかじめ流れが決まっているものです。したがって、このセクションのキーワードは「予測」です。

どんなセレモニーでも、背景を忘れてはいけません。教会の通路、あるいは卒業証書を受け取る娘のショットで背後に大勢の卒業生たちが入っていると、後から見返す時には良い思い出です。そのセレモニーにとって意味のある背景を見つけましょう。たとえば結婚式のゲストにインタビューするなら、披露宴会場の椅子に座っている時ではなく、教会を背景にした方が良い画になるでしょう。

ほかにも、セレモニーには次のような留意事項があります。

ヒーロー：通常、そのセレモニーの主役が動画のヒーローです。たとえば、卒業生、勲章を受ける将校、花嫁などです。息子に結婚相手が見つかるとは思っていなかった、とんでもなく面白い新郎の母親がいれば、**その人が**結婚式の動画のヒーローになり得ます。このような例外が起きたら、撮影プランを立て直しましょう。

音声：披露宴は騒がしく、さまざまな邪魔が入ります。インタビューする時には、近くの静かな場所、披露宴の一角だと分かる場所で行います。それでも、カメラ付属のマイクやガンマイクでは周囲の雑音が入りすぎてしまうことがあります。ラベリアマイク（クリップ式のマイク）を付けてもらって、インタビューすることをお勧めします。

照明：暗いところでは撮影しないでください。プロとして受けた仕事なら、小さいソフトライトを2つ持参します。招かれたゲストとして良い動画を撮りたいのなら、カメラに内蔵されたライトを使います（内蔵されていない機種もありますが、気付いていないだけかも知れません！ 私自身、ホームビデオ用にカメラを買ってから1ヶ月間もライトが内蔵されているとは知りませんでした。機材をいじったり、マニュアルを読んだりするのは大切なことです！）。

インタビュー：後で編集するつもりなら、ゲストへのインタビューを挿入すると、ずっと面白い動画になります。セレモニーの主役には、そこに至るまでの道のり、お世話になった人、今後についてなど、話したいことがたくさんあるはずです。ゲストには、その主役について語りたいことがたくさんあるはずです。カメラなしでインタビューして、彼らの声をボイスオーバーで映像にかぶせる方法もあります。

編集をしない場合には、その場で短くて面白いインタビューを撮るのは難しいものです。人はとりとめなく話したり、他人の話に口をはさんだり、当たり障りのない返答をするもので、動画にはこのようなショットを含めたくありません。カメラを回さずに最初の質問をすると、引き締まった動画になる場合もあります。これも、うまくいかないこともあります。

Chapter 52

上質のミュージック動画を撮影する

創造性を思い切り発揮できる、つまり最も無秩序に振り切って作れるのが、ミュージック動画です。ミュージック動画とは、（ハリウッド風にかっこよく言いますよ）カバレッジのレイヤーを組み合わせることだと考えましょう。**カバレッジ**とは、文字どおり、映像でアクションをどうカバー（撮影）するかです。アクションを6回行い、6つのアングルから撮れば、たくさんのカバレッジが手に入ります。1テイクだけなら、カバレッジは少なくなります。また、「彼女が歌っているところを最初から最後までカバー（撮影）した」というように、**カバー**は動詞としても使用できます。

曲全体を最初から最後まで、数とおりの方法でカバーすれば、編集でレイヤーを組み合わせると、最終的な動画としてまとめられます。

全体をカバーするアイデアとしては、たとえば、以下のようなものがあります。

「ライブ」パフォーマンスとして：バンドは観客の前またはセットで演奏します。

意外な場所でのパフォーマンスとして：アーティストは歌い、演奏しますが、場所はステージ以外の場所です。スチームバスの中にある卵形の容器から登場したりします。

曲のストーリーとして：歌詞をベースにストーリーを創作します。ストーリーにはヒーロー（バンドメンバーでもかまいません）、冒頭、中間、結末があります。

曲から連想した一連のイメージ：歌詞どおりのストーリーではなく、そこから連想されるイメージやストーリーを撮影します。

どんなレイヤーを作成してもかまいません。動物のアニメーション、歌う赤ちゃん、踊る政治家、別の惑星で歌う修道女など、想像力を働かせましょう。大切なのは、どのレイヤーについても質の良いカバレッジを撮影することです。

各レイヤーの撮影時には、セットで実際に曲を流します。動画のサウンドトラックとして使用するものと同一バージョンの曲を流し、それに合わせて撮影しましょう。そうすることで、演者はビートに乗って動けます。フレーズの歌い出しや歌い終わりのタイミングを合わせることもできます。それに、すてきな曲を大音量で流せば、現場に活気があふれます。

セットで曲を流すと、ビデオカメラがマイクで音を拾います。すべての動画に同じオーディオトラックが録音されていれば、編集する時にも曲内の位置を特定しやすくなります。最終的なオーディオトラックに動画を同期するのも簡単です。

ミュージック動画の撮影で特に注意したいこと：動画撮影の経験が浅いアーティストは、流れている音楽に合わせて口パクするだけで、実際には声を出さないものです。理由はよく分かりません。セットに1人だと歌うのが恥ずかしく、マイクもしっかり付けていないのかも知れません。理由はともかく、これは重大な問題です。

実際に声を出す時と出さない時では、顔と喉の筋肉の動き方が違います。口パクだと、どこか不自然に見えます。楽器も、本来の演奏と同じ緊迫感で演奏しないと、これと同じことです。

この問題を回避するには、性能の良い音響システムをセットに持ち込み、動画の音楽トラック（後で映像に組み合わせる曲と同じもの）を大音量で流します。恥ずかしさが消えて、曲に集中できるだけでなく、カメラのマイクで音声を拾いやすくもなります。

ここで、撮影と編集の具体的な流れを見てみましょう。

動画の1つのレイヤーがバンドの「ライブパフォーマンス」だとします。このレイヤーを作るには、バンドが演奏しているところをはじめから終わりまで、複数のアングルから撮影（カバー）します。リードボーカルだけに注目し、複数のアングルから撮影しておくと、編集でつなぐ時に便利です。可能なら、ほかのメンバーについても同じように、一人ひとりを撮影します。

口パクだと、どこか不自然に見えます。

2つ目のレイヤーとして、歌いながらパーク・アベニューを踊り進むリードボーカルを撮影します。この時には、曲全体でも、一部だけでもかまいません。

最後のレイヤーでは、この曲から感じたストーリーを皆さん自身で作成し、映像化します。たとえば、リードボーカルは出会った人々と交流しようと人生をかけて頑張っているが、その全員がまるで彼女の存在を無視しているかのように振舞い、ようやく5歳の少女が彼女を見つける、というようなストーリーです（苦悩に満ちた感じがしますが、ミュージック動画はたいていそうですよね？）。

編集で、これらのレイヤーを組み合わせます。すべてが録音済みのトラックに同期しているはずです。ストーリーをある程度進めてから、良さそうなタイミングで演奏のレイヤーに切り替えるのが1つの方法です。曲の進行に合わせて、ストーリーに戻ったり、別のレイヤーの演奏のショットに切り替えましょう。

このような流れは、少し機械的に思えるかも知れません。しかし、すべてのレイヤーがきちんと撮影されていれば、それを1つにまとめると、ほかとは違う芸術的な動画ができあがります。

Chapter 53

大学への出願や求職活動のための動画

雇用主として、そして母校の学外面接官として、お決まりのカバーレター、型どおりのやる気アピール、アフリカで小屋を建ててひと夏を過ごしたというベタな体験談ほどつまらないものはないと、断言できます。あくびが出てきます。

それでは、何が関心をそそるでしょう？ 興味深いトピックを、ユニークな方法で示された時です。ある女性は、好きな数学関数をオリジナルのダンスで表現した動画をタフツ大学に提出しました。個性的で、ユーモアにあふれていました。あるいは、ウクレレを弾きながら一輪車に乗る動画で志望の大学に入った人もいます。彼のバンドによる見事な演奏の楽曲に合わせたのが、成功の一因だと思います（バンドにウクレレはありませんでした）。

動画による出願を認める大学への志願者のうち、実際に動画を提出する人が6％しかいないのですから、動画を作るだけで一歩抜け出すことができます。しかし、動画が主流になり、動画を提出する志願者が増えれば、そのメリットは消えてなくなるでしょう。その他大勢に埋もれないためには、本当に面白くて効果的な動画が必要です。

提出した動画の仕上がりが雑でも、作品の質ではなく、内容と笑顔で評価してもらえると信じたい気持ちは分かります。しかし、それは**事実とは異なります**。できの悪い動画は、誤字のあるレジュメや、上司の名前が間違っているカバーレターと同じくらい悪い印象を与えます。何であれ、提出物はメッセージそのものです。

すべての動画に当てはまるルールは、当然、出願用の動画にも当てはまります。できの悪い動画なら、ない方がましです。何も送らなければ、それによるダメージもありません。

否定的な評価を受ける前に、以下を自問しましょう。

1. その動画は、あなた自身を表現しているでしょうか?
2. エッセイやコラージュ、建物に描いた壁画よりも、動画の方がうまく伝わるメッセージが込められていますか?

両方の質問に対する回答が「イエス」なら、先を読み進めてください。

差別化で一歩先を行く:出願先を問わず、大切なのは、ほかの志望者に差をつけることです。動画が皆さんの後押しをしてくれるのは、その動画があなたを際立たせてくれる場合だけです。しかも、良い意味で。

動画では、レジュメや願書とは違うことを伝えましょう。文書と同じなら、ただの重複です。動画で華を添えましょう。

実際、よくできた出願動画には、自分が何者かを一切伝えていないものもあります。皆さんが興味や情熱を持っているもの、趣味、研究プロジェクト、動機、尊敬している人などについての動画を作りましょう。それがしっかりできていれば、動画でストーリーを伝える能力、つまりあなたの並外れた才能を示してくれます。

> 提出した動画の仕上がりが雑でも、作品の質ではなく、内容と笑顔で評価してもらえると信じたい気持ちは分かります。しかし、それは事実とは異なります。

得意なことに焦点を当てる：賢いアルフ（1990年代にプライムタイムに放送されたテレビシリーズに登場する宇宙人のパペット）はかつて、こう言いました。「人生の秘訣は、得意でないことを見つけ、それをやらないことだ」

カメラに向かって話すのが得意でないなら、やめておきましょう。出願用の動画に、自分で主演する必要はありません。画面には登場せず、ナレーターになる方法も考えられます。誰かにインタビューして、自分について話してもらってもかまいません。動画全体に言葉とグラフィックスを散りばめて、自分の考えを表現するのも1つの方法です。自分の強みを発揮しましょう。カメラに収めるのは、自分が得意なこと**だけ**にします。

ユーモアを発揮する（得意なら）：何百人という応募者と面接する人事担当や、何千もの志望者と面接する入学事務局の担当者は、つまらない人物に飽き飽きしています。誰もが退屈しています。楽しみに飢えています。笑いは、そんな彼らを幸せな気分にします。

ヒポクラテスの誓いを忘れない：大学出願用の動画に、自らビキニ姿で登場した、ふっくらとした若い女性がいました（魅力的で才能もありそうです）。彼女は、提出に使うメディアとメッセージの両方を考え直す必要があります。この動画が、社会で外観が果たす役割、どうやって90キロの減量に成功したか、あるいは手足の接合手術の結果などについてなら、服を着ないことに意味があるでしょう。しかし彼女は、服を着ているのと同じように、自分の学力面での適性を語りました。出願用としては、場違いな雰囲気の動画です。

マイナスは避ける、これが第一です。

Chapter 54

インタビューと 証言広告の撮り方

インタビューは、企業動画の定番です。企業情報動画、販促動画、コマーシャルなどにはよく、インタビューが使われます。素晴らしいインタビューはそれだけで一本の動画作品にもなります。または、インタビューを核にして、そのほかの情報を紹介することもできます。たとえば研究開発部門の責任者とのインタビューなら、カメラの前で質問に答えてもらってもよいでしょう。もっと手の込んだ動画にするなら、責任者の答えをボイスオーバー（ナレーション）として使い、その部門の人々が働く様子、実際の現場で使用されている製品、ほかの人とのインタビューのショットなどの画像を組み合わせます。

ホームビデオでは、インタビューが**まったく活用されていないことを、声を大にして訴えたいと思います**。私たちは、質問に対して子どもたちがどんなに面白い答えをするかを忘れています。そして、彼らが8歳の時にどんなふうに頭を働かせていたかを記録していないのです。インタビューは、大学の卒業式などのイベントの雰囲気を設定することにも役立ちます。それに、イベントについての一番の語り手が現場に居る可能性が高く、記録しなければ失われてしまうストーリーを撮っておくことができるのです。特に、ビールが振舞われるような集まりなら、インタビューも活気があふれたものになるはずです。

ウェディングドレスの感想や久しぶりに再会した喜びの声を記録しておくと、これから何年も見返すことになる映像に「奥行き」が加わります。人は、ほかの人を見るのが何よりも好きです。

インタビューを成功させるアイデアをいくつか紹介しましょう。

準備する： あなたの仕事は、彼ら自身の言葉で情報を引き出すことです。何と言ってもらいたいですか？ 彼らが話す内容は大まかに分かっているかも知れませんが、インタビュアーが話しすぎては良い動画になりません。インタビュー相手が会社の同僚でも、通りがかりの人でも同じです。事前に考えましょう。誰に話しかけ、何を尋ねますか？

キャスティングがカギ： インタビューする相手は、しっかりと選ぶほどよい動画になります。タレントがあらかじめ決まっていれば、撮影者に選択はありません。指定がない場合には、自分が興味を持てる人を選び、（できる限り丁重に）ほかの人にはお引き取り願います。

タレントをリラックスさせる： タレントはゆったりとした体勢で立って（座って）いますか？ 彼らに、話す時に手を動かしてもかまわないと伝えましたか？ コマーシャルの撮影なら、「私は 10 分間ほど話すけれど、実際に使用する映像は彼らが話すたった 3 秒で、どの 3 秒になるかは編集するまで分からない」と伝えます。こう言っておくと、私は相手が何を言うかを心配する必要がなくなり、彼らもどう答えるべきかを心配する必要がありません。私たちは単純に会話をし、何を使うかは、後で決めれば良いわけです。

ホームビデオでは、まったくもってインタビューが活用されていません。インタビューは、大学の卒業式などのイベントの雰囲気を設定することにも役立ちます。あるいは、そのイベントについて語る人がいなければ失われるはずのストーリーを記録しておくことができます。

リラックスしてもらうための、もう 1 つの方法は、インタビューをゆっくりと始めることです。メモリ容量なんて、安いものです。メモリカードの残り容量を気にせず、世間話でもすれば、相手はリラックスして会話に入れます。

自分もリラックスする： インタビューは、受ける側のペースに合わせましょう。口の重い人は、インタビュアーが質問を浴びせかけるとますます黙り込みます。おしゃべりな人は、インタビュアーがペースについていかないと退屈します。何度か深呼吸して、被写体の速度に合わせましょう。

本物の会話をする：糖尿病に関するWebシリーズのインタビューを撮っていた時のことです。非常に親しみやすく、自信に満ちた態度の高齢の女性が、インスリンの使用に関する質問に答えました。その答えの後に、「断酒してからは血糖値をコントロールしやすくなった」と付け加えたのです。気になった私は、どれくらいの量を飲んでいたのかと尋ねました。「1日に、ビールを8本〜9本かしら」という驚くべき答えが返ってきました。結果、飲酒によって命を落とす一歩手前から快復したことを伝える、素晴らしいインタビューになりました。彼女の話にしっかり耳を傾けていなければ、この話は引き出せなかったでしょう。

通常の会話なら、相手が言ったことに反応します。良いインタビューも、それと同じことです。相手の話をよく聞きましょう。計画にない質問につながったら、持ち前の好奇心を発揮して尋ねます。

自分の仕事は「現実を掘り起こすこと」だと考えましょう。最も優れたインタビューは、リアルで感情に訴えます。勇気を出して、被写体を笑わせたり、泣かせたり、怒らせる質問をします。相手の感情を高められそうだと思ったら、私は「〜と言う人もいます」というフレーズを好んで使います。刺青を入れたハーレー乗りを相手に、「『集団でバイクに乗る人間なんて、どう見たって低俗な輩だ』なんて言う人もいます。そう言われることについて、どう思いますか?」と尋ねるわけです。こんな冒険をしても私の歯はまだ全部そろっています。おまけにその動画は、男性の答えのおかげで素晴らしいインタビューになりました。

目と視線：インタビューの相手とは、会話で信頼を築かなくてはなりません。最善の方法は、しっかりとしたアイコンタクトです。被写体には、カメラでなく自分を見てもらいましょう。そうすると会話が成り立ちます。

被写体に目線を向けてほしい場所に自分の顔をもっていって、アイコンタクトを取ります。

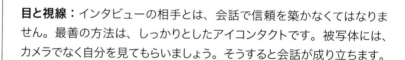

視線は、映像に登場している人が見ている場所を示します。インタビューで被写体がレンズの外に目を向けていたら、横顔しか映りません。カメラに正面から向き合うか、少しだけ視線を外す程度にしましょう。しっかりとアイコンタクトができたら、インタビュアー（カメラマン）の顔の真横にレンズをもってきます。三脚に取り付けてあったり、肩乗せタイプのカメラなら簡単です。

インタビュアー、カメラ、被写体の位置を決めたら、ビューファインダーを使い、被写体がインタビュアーを見ている状態の画像を確認します。自然ですか？ 気に入らなければ、被写体の見栄えが良くなるまで、自分とカメラの位置を変えます。

中には、レンズに向かって質問に答えられる人もいます。そうすると、視聴者が自分を真っすぐ見ていると感じる映像になります。おそらく皆さんもそのような動画を見たことがあるでしょう。しっかりやり遂げられるなら、素晴らしい動画になります。ほとんどの人は、レンズを見るよりも、アイコンタクトの方がリラックスできます。その場合は、カメラではなく、インタビュアーを見てもらいます。

インタビュアーであるあなたは、動画に登場しますか？ あなたの顔が映りますか？ 声は聞こえますか？ あなたがスティーヴン・コルベアかマイケル・ムーアなら、視聴者は、完成作品に登場することを期待します。そうでなければ、あなた次第です。作品に登場するなら、自分の声が拾えるようにマイクを準備しましょう。

音声：クリップ式の小型マイクまたはブームとマイク。いつも用意しておきましょう！ 被写体との距離が 30 センチ以内でない限りは、カメラのマイクは使いません。インタビューに親密さを込めたいと思っても、距離とボイストラックのエコーは、それを台無しにします。

自分の場所を考える：最後に大事なことを 1 つ。背景を確認します。しばらくの間見ることになるのですから、自分が好きなものを視界に入れましょう。

最近、友人の Web サイトに載っているインタビュー動画を観ました。登場するのはコンサルティング会社の CEO で、大手メディア企業を顧客に抱えています。頭がよく、話す内容も素晴らしいものでした。しかし、ビデオグラファーは、殺風景なオフホワイトの壁の前に彼を座らせていました。感じの良いリンボの背景ではありません（127 ページの「リンボ」参照）。どこにでもある、塗装された壁です。塗装の白を受けて、彼の白髪が余計に目立っています。壁にぼんやりと落ちる影は、動画を貧相な印象にしています。

背景はすべての動画に情報を追加します。しかし、残念ながらこの動画の背景が伝えたことは、「高齢」と「安物」の2つです。もっと悪いのは、彼の優れた面を伝える機会を逃していることです。ロケーションは、被写体の状況を伝えます。相手はメディアコンサルタントです。動画モニターの前やニュースルームで撮ることも、後ろに立派な PowerPoint 動画を流した演壇で撮影することもできたはずです。ペイリー・センター・フォー・メディアの前もふさわしい場所でしょう。彼のきれいなオフィスあるいは自宅の本棚の前から、親し気に話しかけてくれてもよかったはずです。

殺風景な壁を背景にしたインタビューは、被写体に関して重要な情報を伝える機会をみすみす逃しているようなものです。不適切な背景を使うと、想定外の**誤った**情報を伝えることにもなります。インタビューを撮影する場所は慎重に検討し、自分が良いと思うものにしましょう。しばらくの間、見ることになるのですから。

Chapter 55

Webカメラでの
ライブ実況

Webカメラを使ったひとり語りの動画実況ほど、あけすけな動画はありません。あなたと視聴者との1対1です。自分とコンピューターしかない場所ですから、動画を撮っていることすら忘れる状況でしょう。しかし、動画のルールはすべてそのままあてはまります。他人に気を使わなくて良い分、しっかりと適用できるはずです。

重要なコンセプトをいくつか覚えておくと、より楽しめる実況動画になります。

スターは自分：自分をスターとして扱います。自分自身、またはキャラクター（何者かを演じる場合）について考えましょう。何を着るべきですか？ 髪はどのように整えますか？ メイクはしますか、ナシにしますか？

Webカメラを使ったひとり語りの動画実況ほど、あけすけな動画はありません。あなたと視聴者との1対1です。

照明も確認します。卓上ランプがあるだけで、ずいぶん違います。ライトで照明した状態の見た目を画面で確認しましょう。意図的でない限りは、濃い影が落ちたり、強い光が当たらないようにします。ライトが強すぎる場合には、自分の正面の壁か、左右どちらかの壁に向けます。すると、壁に反射した光があたります。たいていは、ずっと感じの良い、柔らかい光が得られます。

マイクを使用する：コンピューターに内蔵された質の悪いマイクから自分までの距離が変われば、音質も大きく変わります。頭を離すだけで、声が変化します。コンピューターのファンなど、室内の雑音も聞こえます。声が反響する部屋なら、動画でもそうなります。ビデオブロガーとしてひと稼ぎするなら、プラグインパワー方式のクリップ式マイクは必須です。

スクリーンではなくカメラを見る：カメラを見ると、視聴者はあなたが直接見ているような気分になります。できれば、台本なしでまくしたてられるくらい十分に練習しましょう。台本があるなら、（大きい字で表示した）台本をカメラのすぐ横に置くと、カメラを見ているように見えます。そして、視聴者を見ているように。

背景をセットとして考える：場所は、自分について多くのことを視聴者に伝えます。オフィスの仕切りの一角に座っているのと、浴室でささやくのとでは、キャラクター性がまったく変わります。ロケーションを選ぶ以上の余裕があれば、セットも考えましょう。加えたり、取り除いたりした方が良い物はありませんか？ 最適な背景が見つかるまで、Web カメラを移動しましょう。

Web カメラで撮影した実況は編集できる：そう、編集してください。撮影が終わったら、簡単な編集ソフトで動画を開きます。良くない部分はすべてカットします。

セリフとセリフの間をジャンプカットでつなぐと（時系列のつながりを無視した、唐突感のあるつなぎ）、言葉にパンチが出ます。カットごとにスクリーンに近付いたり、離れたり、左右に移動したり、コンピューターのカメラを別の背景に向けたりすると、見た目にもずっと面白くなります。実際にやってみるのが一番です。そして、長すぎる「間」、言い間違い、そのほかの失敗は、（それがキャラクターの特徴でなければ）確実かつ積極的に切り取ります。

でも、映像データそのものは消去しないでください！ 失敗は別ファイルとして取っておきましょう。視聴者は NG 集を観るのが大好きです。

Chapter 56

計画ありのスタント

ハーフパイプの見事な滑走、友だちへの「いたずら」、43 台のバスを飛び越える勇敢なバイク、1 週間がかりで並べたドミノ倒し。これらは、計画されたスタントです。

リアリティショーでの口論も、細心の注意を払って計画された映画用の爆発シーンも、スタントは非常に難しいものです。その性質からして、どの程度うまくいくのか、うまくいったとしても、どの程度カメラに記録できるのかは分かりません。

原則として、危険なスタントになればなるほど、準備をしっかりして撮影に臨む必要があります。友人にハーフパイプをもう一度滑走してもらうのはそう難しくないでしょうが、BMW にもう 1 度飛び越えてもらう予算はないかも知れません。誰かに同じどっきりを 2 回仕掛けるのは、不可能です。

スタントを素晴らしい動画として記録するためのヒントをいくつか紹介しましょう。

複数台のカメラを使う：スタントはうまくいかないものだと考えましょう。複数台のカメラで撮影すると、たとえ失敗したとしても、アクションを撮影できる可能性が高くなります。カメラが 2 台あれば、1 台を近く、もう 1 台を遠くに置いて、カットでつなぎます。

2 つのアングルから撮影すると、スタントをしっかり撮れる確率が上がります。

カメラ1は、全体を撮影できるようワイドな画角に します。

カメラ2はタイトな画角でディテールを狙います。

1台をハイスピードにする：スローモーション で再生されるスタントほど、見栄えがするものは ありません。通常どおりに記録した動画をソフト ウェアでスローにすると、画像が粗くなり、ぼや けます。スローモーションにする最良の方法は、 ハイスピード撮影ができるカメラを使用すること です。「スローモーション」モードとも呼びます ね！ つまり、カメラをハイスピード（通常より も高いフレーム／秒）で撮影するように設定し ます。それよりも遅いレート（つまり通常のレー ト)の24または30フレーム／秒で再生すれば、 そうです、スローモーションです。本物のスロー モーション動画を作るには、ハイエンドのビデオ カメラが必要です。60フレーム／秒の設定があ るカメラなら、ある程度のスローモーションが撮 れます。もっと高いフレームレートで記録できる カメラもあります。

リハーサル可能なことはリハーサルする：本番 どおりのリハーサルは不可能かも知れませんが、 スタントマンと一緒に、起こり得ることをざっと 確認することはできます。撮影チームのリハー サルも、撮影成功の可能性を高めます。失敗しそ うなことをブレインストーミングでリストアップし、それぞれの状況でどう 撮影するかを検討しましょう。スタントが大失敗に終わったとしても、 撮影がしっかりできていれば、成功と同じくらい楽しめる動画になる可能 性があります。むしろ、失敗の方が面白いこともあります。

照明を確認する：被写体が予想と違う方向に移動したら、カメラはと らえられますか？ それとも影に溶け込んで見えなくなりますか？ 明るく しておきましょう。

Chapter 57

台本のある動画を撮影する

スケッチコメディあるいは短編映画の台本が書きあがり、キャスティング、ロケーション探しをひととおり終え、撮影を手伝ってくれる人を集められれば、本格的な撮影をはじめる準備は完了です。

日常生活で目にするほとんどの映画、TV 番組、動画は、「シングルカメラ」（1 台のカメラ）で撮影されています。完成作品は、1 つのシーンがいくつものアングルから撮影されているように見えます。しかし、皆さんが実際に見ているのは、さまざまな場所から同じ 1 台のカメラで撮影し、いくつものテイクを編集した継ぎはぎです。

ほとんどの撮影がこのように行われる理由は、カメラを写り込ませたくないからです。3 台のカメラで同時に撮影するとしたら、カーチェイスで、互いのカメラの視野に入らないようにするのは至難の業です。

映画・テレビの役者やクルーは、同じシーンを何度も繰り返すように訓練されています。同じ照明、小道具、動きを使ってほぼ同じ状態を保ちます。ただし演技だけは、意図的にテイクごとに変えます。このようにすると、後で編集する際に、監督は最大の選択肢を使って、全体を 1 つにまとめることが可能になります。

映画のように撮影しましょう。最初はワイドで。

シーンを繰り返し、寄ってディテールを写します。

もっと狭い画にして、感情を伝える画を撮ります。

実際にやってみましょう。シーンを2回演じてもらい、違うアングルから撮影したら、2つのテイクを編集で組み合わせます。

テイクが複数あると、台本を書き直す最後のチャンスが得られます（編集室の中で、ですよ！）。主演俳優が決めゼリフを言う前の一息が少し長すぎたら、編集室でカットして短くできます。ある俳優がテイク1で素晴らしい演技をして、ほかの全員の演技はテイク4の方が良ければ、その2つを組み合わせられます。視聴者は気付きません。セリフをつないだり、移動させたりすれば、俳優同士のやりとりの進行や、台本の内容も変えられます。

台本のある1シーンをマルチテイクで撮影する手順を次に示します。

1. **俳優と一緒に、シーンをリハーサルします。**
   俳優がリハーサルを行っている間は、カメラ越しに観て、最適なカメラアングルを探します（演技が素晴らしいなら、リハーサルを撮影しましょう）。シーンの見栄えに満足がいったら、次のようにします。

2. ほとんど、またはすべての俳優を含むワイドショットで**最初のテイクを撮影します。**

3. **次は、「ミディアムショット」で1～2テイク**撮影します。基本的には1人の俳優を中心に撮影しますが（シーンのヒーローからはじめます）、複数の俳優がフレームに入ることもあります。

4. **あと数回、同じシーンを演じてもらいます。** 各テイクで、主要な俳優のクロースアップを撮影します。この時点で、カメラを持ったあなたは、演技する場所の真ん中に立っているはずです。撮影対象ではない俳優にも、できるだけリハーサルに近い動きをしてもらいます。この方が、撮影している俳優が自然に見えます。

（上級者向けのヒント）シングルカメラ撮影の例外：
リアリティ番組などで俳優がテイクを繰り返せない場合や、幼い子どもや動物が登場するシーンでは、監督が複数台のカメラを使う選択をすることもあります。ほかのカメラが写らない動きをするためには、俳優の位置を慎重に考え、リハーサルで確認する必要があります。

1回限りの高額なイベントも、複数カメラの使いどころです。本物の電車を破壊するシーンで、壊せる電車が1台だけなら、カメラを何台も使い、砕け散る金属片にいたるまで、あらゆるアングルから撮影したいと思うはずです。カメラはほかのカメラから見えないように、何かの後ろに慎重に隠すか、場合によっては地中に埋めます。

ほとんどのシットコムやバラエティ番組は、マルチカメラで撮影されています。レターマンの番組、「アイ・ラブ・ルーシー」（原題：I Love Lucy）、「チャーリー・シーンのハーパー★ボーイズ」（原題：Two and a Half Men）を思い出してください。このような番組は、すべてのカメラをほぼ視聴者の目線の高さに置き、「ステージのような」見た目になるようにしています。これなら、カメラは互いの視線に入ることなく、別々のアングルから撮影できます。同時に、視聴者は、劇場で演劇を見ているような気分になります。

スポーツイベントや授賞式、そのほか絶対に撮り損ねるわけにはいかない「ライブ」イベントで、見事なプレイや照れの入った受賞スピーチを撮影する時には、4台から26台のカメラで同時に撮影します。こういった番組ではカメラを隠す気遣いはしていません。視聴者も、カメラが写り込むのを見慣れています。

> 1つのシーンごとに複数のテイクを撮影しておくと、編集で最高の作品に仕上げられます。

Chapter 58

ハウツー動画

ロサンゼルスの私の自宅には、地下室があります。ここら辺では珍しいつくりです。長い坂道の途中に住んでいるため、地下室には排水ポンプが設置されています。汲みだした水は、やがて太平洋に流れつくはずです。よく動いていました……10年間、一度もポンプを見たことがありません。そうのうちに周りに泥がたまり、雨の時期にオーバーヒートして地下室に水があふれることになりました。

地下室が完全に乾くと、新しいポンプが必要になりました。工事費だけで、600ドルとのこと。ポンプはそこらの店に130ドルで売っているというのに。どうしましょう? ググることにしました。そして素晴らしいオンラインのハウツー動画を見つけ、自分でポンプを設置しました。ポンプ以外にかかった費用は、スチールパイプを新しく足した分の3ドル49セントだけです。おまけは、「しゃがむたびに尻の割れ目が見える」と、子どもたちから容赦のない笑いを浴びせられたことです。

この話に関して、大切なポイントが2つあります。1つは、言うまでもなく、ハウツー動画は偉大だという事実です。このような動画を見て、Macをアップグレードしたり、照明器具の交換をしてきました。それと、タイルの目地を詰め直すのは大変面倒な作業だと分かり、自分ではやらない選択ができました。

もう1つは、ハウツー動画を作ろうと考えている皆さんにとっては、問題になることです。排水ポンプの動画には感謝していますが、映像は良いとは言えず、誰が作ったものかはまったく記憶にありません。

純粋に世界と知識を共有するためだけに「Mac をアップグレードする方法」のデモ動画を作成**している**としても、誰かの役に立っていることは認められるべきです。

それを念頭に置いて、素晴らしいデモを作ると**同時に**再生回数を増やして、高評価を得る方法を紹介しましょう。

1 つだけ説明する：デモ動画を再生する人は、情報を得る必要に**迫られ**ています。**今すぐに**必要なのは、90 秒の「くつわの取り付け方」を見直すことなのに、馬の手入れの説明を 10 分間もじっと眺めるはずはありません。豊富な知識があり、どうしてもそれを見せたいのなら、シリーズものの短い動画を作りましょう。焦点を十分に絞った（そして短い）動画なら、次のブランク部分に簡潔に記入できるはずです。「私の動画は ＿＿＿＿＿＿＿＿＿＿＿＿＿＿＿＿＿ する方法を紹介します」。

声に配慮する：Kahn Academy（www.kahnacademy.org）の動画授業に使われている声の調子を確認してみましょう。私の子どもたちも、ここで数学を勉強しています。動画の台本は面白くて知的です。それに、ホストは感じが良く、知的で、ユーモアもあります。台本が良く、それを演じる声の両方が良いと、動画が印象に残る可能性が高くなります。

明快な手順：作業がはっきり見えるように示します。しっかり照明し、カメラを近付けましょう。動きが速い場合は、ハイスピード（スローモーション）で撮影すると分かりやすくなります。

手順に簡単な名前や番号を付け、グラフィックスを使って示します。料理の材料や複雑な工程については、Web サイトの URL を付けるなど、付属の説明をダウンロードで用意することも考えましょう。

何についてのデモかが一目で分かる、マネーショットは効果的です。ビジュアルが魅力的で、つい見入ってしまうようなショットです。

ガラクタを捨てる：ハウツー動画は、「何もしていない」状態から「やり終える」までの旅です。途中で邪魔が入りすぎると、専門家でない視聴者は迷子になります。デモで伝えたいと考えている1つひとつの事項に関して、それなしでも作業ができるだろうかと、自問します。もしできるなら、削除しましょう。

マネーショット（視聴者を呼び込む、目玉のショット）を見つける：北太平洋でのカニ漁に密着したディスカバリーチャンネルの「ベーリング海の一攫千金」（原題：Deadliest Catch）を見ると、マネーショットが何度も出てきます。巻き上げ機を作動させ、ケーブルを締め、クレーンが巨大なカゴを甲板に引き上げ、数千匹の生きたカニを放り出します。このショットには神秘的な何かがあります。船員の生活はカニの捕獲高にかかっています。甲板にバラバラと落ちてくる大量のカニは、ストーリーにおける重要な役割を担っています。また、カニが非常に目を引きます。巨大で、生きがよく、オレンジ色です。何度見ても飽きません。

あなたの動画にはマネーショットがありますか？ 何についてのデモかが一目で分かる、マネーショットは効果大です。オムレツをひっくり返す、クルマのボンネットを開ける、大型ハンマーで壁を粉砕する、フライ専用鍋に七面鳥を落とすなどといった、ビジュアルが魅力的で、ついつい**見入ってしまう**ショットです。マネーショットになりそうな瞬間があったら、もっと膨らませましょう。さまざまなアングルで見せます。音楽をつけます。スローモーションで撮影します。もっと楽しく、より記憶に残る動画になるはずです。

専門用語の禁止：専門用語とは、専門外の人を排除するためのものです。私が優れた動画の撮影方法を教える時に、知っていて当然だとばかりに「ゴボ」について長々と話したら、ばかげている、分かりづらいと感じるでしょう。視聴者を引き込むどころか、突き放すことになります。

（**ゴボ**とは、光のパターンを作るために、照明の前に設置するステンシルやスクリーンのことです。窓から陽光が降り注ぐようにしたいけれど、実際にはセットに窓が**ない**場合には、窓の形のゴボをライトの前に置けば、ジャーン！ 気分はもうプロカメラマンですね!?）

Chapter 59

バイラル動画を撮影する（保証付き！）

たったの2語です。セレブの、ヌード。

どこでその動画を入手したのか、またはどう説得して服を脱いでもらったのかは分かりません。でもこれなら、唯一かつ確実にバイラルになる動画です。

それ以外はすべて、ばくちのようなものです。

マーケティングの問題に対する解決策に、「バイラル動画を作る」と提案する人は、自分が話していることをまったく理解していません。バイラル動画とは「ヒット」です。ヒット曲、TV番組や映画のヒット作品と同じこと。簡単に作れるなら、すべての曲が100万ダウンロードを達成し、すべての映画が記録的な大当たり、すべての動画がバイラルになります。しかし、現実は違います。技術、ビジョン、芸術性、マーケティング知識、そして多くの幸運に恵まれなければヒットはしません（幸運だけで**十分**な場合もあります。次に説明しますよ）。

ヒットメーカーとして評判がついていて、確かな技術と、後押しするマーケティング手段があれば、バイラル動画を作るのは、ずっと簡単です。つまり、あなたがビヨンセ、レディー・ガガ、あるいはウィル・フェレルだったら。あるいは、あなたの会社がMicrosoftなら。（話題になった

Microsoftのキャンペーン動画「WINDOWS PC & MAC TAKE FLIGHT」は、共同執筆で脚本を手掛けました）。

動画がバイラルになるのは、人々が偶然面白い動画に巡り合った時です。フランクリンが雷をビンでつかまえたのと同じです。面白い動画を撮影した幸運と、その幸運をほかの人が自分と同じように面白いと思うことが必要です。雷と同じように、いつどこに落ちるか自分ではコントロールできません。（バイラル動画の一例は、YouTubeで記録的な再生数を獲得した「チャーリービットマイフィンガー（Charlie bit my finger）」です。）

マーケティングの問題に対する解決策に、「バイラル動画を作る」と提案する人は、自分が話していることをまったく理解していません。

バイラル動画になる確率を上げるには、自分が面白いと思う動画をできるだけ多く作成し、投稿することです。数をこなして学ぶのです。だんだんと上達しながら、評判を呼び、視聴者を獲得していくことができます。

運が良ければ、やがては素晴らしいアイデアを思い付くはずです。それをうまく動画にできれば、既存の視聴者が、知り合いにリンクを送りはじめます。自分ができる告知活動をできる限り行って、その動画を後押しすれば、ショットはバイラルになります。

Chapter 60

製品やサービスを宣伝する

「せっかく動画を作ってくれたから」という制作者への好意で、視聴者が動画を観てくれることなど期待しないでください。観たければ観るだけのことです（20ページで、すべての動画は「エンターテインメントという取引だ」と話しましたね。覚えていない人は、今すぐにもう一度読んでください。待っています）。

製品やサービスを告知するためのコマーシャル動画だと分かると、視聴者は人差し指をそっとマウスの上にかざします。何かを売ろうとしていると、知っているからです。**もっと**楽しませないことには、さっさとほかの動画に行ってしまいます。

企業動画の作り方なら、それだけで本が1冊書けます。本書では、検討すべきことを大まかにお話しします。興味があれば、私のWebサイトwww.stevestockman.com（英語）で、もう少し詳しいヒントを紹介しています。

ターゲット顧客を念頭に置くことから始める：顧客の属性をブレインストーミングします。どういった人々でしょうか？ 年齢層は？ どこに住んでいますか？ どういった考え方の人たちですか？ 彼らはあなたのビジネスをすでに知っていますか？ この動画で初めて目にしますか？

顧客の目を通して、自分の動画のアイデアを評価します。

顧客が積極的に購入している場合：顧客はどんな情報を得たいのでしょうか？ どうしたらその情報を明快に、簡潔に、好奇心をそそる方法で伝えられますか？ 情報は複数の動画に分割しましょう。そうすると、顧客は知りたい情報に簡単に注目できます。Apple.com で、新製品紹介の動画を観てみましょう。Apple のホームページにはいつでも、新しい機能が紹介されています。ホームページ内を見ていくと、トピックに応じた素晴らしい動画が、素早く再生されます。商品に関する動画を長々と見る必要はありません。的を絞った、短い動画ばかりです。

顧客が購入に積極的ではない場合：よくできた動画は、製品を買う気がない視聴者の興味も引き付けます。ある人が私に Blendtec 社の「Total blender」の動画コマーシャルシリーズ「ウィル・イット・ブレンド（Will It Blend?）」の動画リンクを送ってきました。どれも、数百万回の再生数です。私がこれを観る理由は、ブレンダー（ミキサー）の魅力に取りつかれているからではありません。ゴルフボール、iPad、銃弾など、ブレンダーで砕くべきでないものを粉々にする Blendtec 社のスローモーション動画に引き付けられるからです。この変わった動画は、私が次にブレンダーを買う時の決断に影響を与えるでしょうか？ それは分かりません。でも、それまでは知らなかったのに、このブランドをしっかりと認識しています。

動画をどう利用すれば、顧客との関係を築けるでしょう？

顧客ベースを広げ、もっと知りたいと思わせるための動画なら、広い視野からのアイデアと高いエンターテインメント性が必要です。

顧客のニーズを考える：ベーカリーを宣伝する動画なら、顧客のニーズは何かと聞かれたら、「客はうちの店のコーンマフィンを必要としている」という答えが真っ先に浮かぶでしょう。でもこれは、実際の視聴者のニーズを核にした答えではなく、製品から考えたニーズです。それに、動画のコンセプトとして面白い出発点ではありません。

最初に思い浮かんだニーズを出発点として、「なぜ」と自問を続けると、どこかの時点で面白くなります。ブレインストーミングしましょう。

なぜお客様はコーンマフィンが必要なのですか？ エネルギー補給のため。

なぜエネルギーが必要なのですか？ 忙しくて大変な毎日を乗り切るため。

なぜそんなに大変なのですか？ 愛する人とゆっくりする時間がないから。

この調子で1日中続けられますが、「コーンマフィン＝忙しい人たちのための愛」は、私にとっては動画の面白い出発点のように思えました。私の頭にはすでに、コーンマフィンによって人生が変わった人とのインタビューのアイデアが浮かんでいます。気難しい司書、政治家、殺人犯（凶器は斧）はどうでしょう。または、公園で仲直りをする可愛い子どもたち、引退するフットボール選手……

売ることでなく、関係を考える：マーサ・スチュワートは、TVに姿をあらわすたびに、何かを売り込みます。彼女が次に出演するTV番組のこともあれば、ペンキのこともあります。しかし、視聴者が彼女の番組を観る理由は、彼女の製品に興味があるからではありません。感謝祭の七面鳥の鶏ガラを干して、粉砂糖を振りかけ、クリスマスのテーブルに置くサンタのそりにする人が実際にいるなんて、信じられないからです（おっと、これは作り話です。でも、もし実際にあったら観るでしょう）。

視聴者は、楽しむため、情報を得るためにTVをつけます。そしてマーサや彼女の活動を知ったことで、製品を買いたくなるのです。

動画をどう利用すれば、顧客との関係を築けるでしょう？

自分の動画の品質水準を知る：企業の創設者にまじめなインタビューをし、しっかり撮影して編集すれば、つまらないスケッチコメディ（ショートコント）よりも会社を知ってもらうことに役立ちます。

その製品が顧客の生活をどのように向上させるかを考えましょう。

企業動画の撮影をプロに依頼することを検討する：経営者として忙しい方は、ビデオグラファーとしての腕を磨く時間も意思もないでしょう。しかし、良い動画は観ればすぐに分かるはずです。販促動画をプロに依頼することを検討しましょう。本書のアドバイスを参照すれば（Part 1とPart 2の伝わる動画を準備するためのヒントは特に重要です）、費やした金額に見合う動画を手に入れられるはずです。

全国展開しているような制作会社に依頼する予算や必要性はないでしょうが（もしかして……スタッフが横でスタンバイしていたりして！?）、皆さんの要件に見合うビデオグラファーは、近くにいるはずです。安く依頼できて、腕がよい可能性があるのは、大学で動画を勉強している学生です。ビデオグラファー候補者との面談に入る前に、必ずデモリールを見せてもらいましょう。リールの作品が気に入らなければ**即刻**断って、次の候補者に進みます。

PART 6

撮影の後

動画は、撮ってそのまま観せられる状態になっているわけではありません。大規模なプロジェクトなら、編集、音声の微調整、色の補正、グラフィックスの追加やデジタルで効果を加えたりします。この工程は、撮影と同じくらい、またはそれ以上に時間がかかります。

ポストプロダクション（または省略して「ポスト」、「ポスプロ」）とは、カメラで撮影したそのままの映像（フッテージ）を最終的な動画に変える工程です。

編集 101

ナイフのようにカットする

最近撮影した動画を編集ソフトに読み込みます。必要以上に編集しても後戻りできるように、コピーを使って実験しましょう。

はじめから終わりまで、再生します。面白くない、良くないと思う部分は、すべて削除です。面白いかどうか判断できない場合は、削除です。冷酷になりましょう。消したくないシーンも、1つは削除しましょう（撮影した時にはとてもいいと思ったのに、画面で観た時にはそうでもないと思ったシーンのことです。投げキスして、お別れです）。

削除したくない気持ちになるのは、最終的にどうまとまるかが心配だからです。この練習では、心配しないでください。気に入らないもの、ストーリーを伝えることに役立っていないものは、1フレームだろうと10分間だろうと、とにかくすべて削除しましょう。どれほど減らしても、ほとんどつなぎに影響はありません。少しおかしいつなぎがあっても、削除する前よりもずっと良くなっています。

編集が完了したら、動画はさらに面白く、観やすくなっているでしょう。そうでなかったら？もっと消すところがあるはずです。

最も単純な編集は、撮影した動画から気に入らない部分をすべて削除する作業です。ビデオカメラの最も基本的な操作が「録画」と「停止」なら、編集ソフトの基本操作は「削除」だと言えます。カメラのおかしな動き、見づらい照明、カメラが「録画」になっていることに気付かずそのまま撮影されていた映像などは、すべて不要です。悪い部分をなくせば、残りはすべて良い動画というわけです。しっかり撮影できた部分しかなければ……上出来な動画のはずです！

編集ソフトに向き合うのは、恐ろしい感じがしますね。フッテージをコンピューターに読み込んで開くと、あれもこれも機能を覚えないといけないように感じます。編集ビン、プロジェクトライブラリ、効果、サウンドトラック管理などなど。しかし、このようなことは一切、知らなくても問題はありません。すべてのコンピューターソフトは、3つのコマンド（カット、コピー、ペースト）が基本です。はじめての編集で本当に必要なコマンドは1つだけ。「カット」です。

明らかに良くないところをバッサリと切り取ることからはじめましょう。ピントが合っていない、分かりにくい、構図が悪い部分をなくします。もう一度確認して、それほど**ひどくなくても**、面白くない部分はなくします。残りはだいぶ良いはずです。そうでない時は!? もっと削除しましょう！

できの悪い部分をためらいなく消す練習をすると、少しずつ編集者として進歩していきます。そのうちに、編集ソフトの機能も分かってきます。さらに、編集作業をとおして「使える画」とは何かを学ぶと、撮影の腕も上がります。後の編集で使えないと判断されるショットが直感的に分かれば、無駄なショットを撮らずに、使えるショットを撮影する時間が増えます。

|||||||||||||||||||||||||||||||||||||||||||||||||
ポストプロダクションと「ミニマム」のルール

フッテージをコンピューターに読み込んで編集する時には、「ミニマム」のルールに沿って行動します。

「ミニマム」のルールにはこう書かれています（ご想像のとおり、私が今考えました）。完成した動画の内容はすべて（a）照明やピント合わせなどの技術面の問題がなく、（b）存在する理由がなくてはならない。

ルールは、使用するショットの選択から、タイトルの見た目まで、最も単純な意思決定に適用します。良くないショットは削除します。少し画が暗い、被写体が意地悪そうに見える、ハイキングの時に見つけて撮ったウサギがよく見えない、といったところはすべてなくしましょう。

見た目には良い画でも、本題から外れていたら削除します。部長にインタビューしている途中で、話しが脱線し、社長と投資家に関する面白い逸話が聞けたとします。その話が、新製品を宣伝する動画と**まったく関係がない**なら、削除です。

動画に追加するものは、すべてこのルールに従います。かっちりとしたゴシック系のフォントを使えば、感じがよく、シンプルで、上品なタイトルになります。もちろん、太字、シャドウ、下線、色を変えるなどの装飾を付け、くるくる回転しながら画面を横切るようにすることもできます。しかし結果が「（a）見栄えが良く、（b）そうする理由がある」の2つがそろっていなければ、「ミニマム」のルールによって、（幸運にも）そのような作業はせずに済みます。

初心者の皆さんは「ミニマム」のルールにのっとってこの先の道を進んでください。完成作品のフッテージが少ないほど、特殊効果が少ないほど、グラフィックスがシンプルなほど、動画は良くなります。

Chapter 62

編集102：
シームレスに編集する

イベントを撮影し、映像が時系列に並んでいるなら、良くない部分を削除するだけで編集作業は終わりです。撮影した順番のままで、何も問題はありません。

複数のテイクや会話のあるシーンの編集はまったく別の話です。

編集にルールはありますが、時間とともに変化します。勇敢な編集者や監督がルールに反した動画を作り、そのルール違反が受け入れられていくのです。

「ボーン・スプレマシー」（原題：The Bourne Supremacy）と「素晴らしき哉、人生！」（原題：It's a Wonderful Life）の編集スタイルを比べましょう。

最大のルールはとても単純です。「ジャンプカット」が目についたら、つなぎ方が間違っています。

「素晴らしき哉、人生！」のフランク・キャプラ監督は、時間と幻想を自在に操って、ある男性の人生の何年かを見せました。多くの批評家たちからは絶賛されたものの、観客たち（1946年当時）はタイムシフトを分かりづらいと感じました。映画はヒットしましたが、象徴的な作品だと絶賛されるようになったのは、テレビ放映で何度も視聴され、タイムシフトが受け入れられた後のことです。現在の私たちにとっては、まったく普通で、少し古風だとさえ感じる手法です。

TRY THIS

継ぎ目を見せない

複数のアングルから撮影した、会話のシーンを用意します。手持ちの映像がなくても大丈夫ですよ、簡単に撮影できます。長いシーンでなくてかまいません。リビングルームで天気について話す2人で十分です。または、映画や芝居のセリフを借りて、会話を演じてもらいましょう。

俳優には、アングルを変えても毎回同じアクションになるように、数回繰り返して演技してもらいます。シーンをつなぐときには、以下のことに気を付けます。

1. 最初は「ラフに組み立てます」。さまざまなアングルからのショットを単純につないで、どんな感じになるかを確認します。すべてのセリフが順に並んだら、その後で調整に取りかかります。

2. 同じキャラクターが登場する2つのシーンをつなぐ場合には、フレーム内のキャラクターのアングルやサイズを**大きく**変えると、つなぎ目が気になりません。**大きくとはどのくらいか**って？見れば分かります。変え方が足りないと、画像が「ジャンプする」ので、つなぎがうまくいっていないと分かります。

3. 1つのシーンでのキャラクターの動きは、その次のシーンと一致している必要があります。あるショットでワインを飲んでいる女性が、次のショットですでにグラスを置いていたら、視聴者はジャンプしていると思うか、時間が経過したと考えます。一致させる最も簡単な方法は、アクションが始まる1フレーム前で先行のカットを終わらせて、次のショットからアクションを始めることです。

4. うまくつなげられない時は、話を聞いている別のキャラクターか、無関係なもの（手や飼い犬など）のタイトなクローズアップのショットを挿入し、前後のショットのつなぎにします（132ページの「ディテールを撮る」参照）。

5. ショットの照明や色がマッチしていないと、視聴者の目には撮影に失敗しているように映ります。ショット間でこの類のジャンプは、なくしましょう。

自分で良いと思えるシーンになるまで、作業を続けます。大胆に実験しましょう！

「ボーン」シリーズの監督を務めたポール・グリーングラスは、常識を超えたアクションシーンの編集によって、シーンをかつてないほど高速かつ直感的にしました。彼はアクション映画の編集に大きい影響を与えた人物になりましたが、キャプラの時代の視聴者がこの作品を観たら、アクションが速すぎて読みとれないでしょう。20年前の映画学校ですら（ジェームズ・ステュアートが橋から飛び降りてからは、40年以上経っています）、ポールを退学にしたでしょう。しかしグリーングラス監督は独自のスタイルを創造し、そのスタイルは現代の映画言語にすっかり取り込まれています。

シームレスな編集：ショット 1、電話が鳴ります。

電話を耳に持ってくるアクションの直前でカットします。

現代の視聴者は「ジャンプカット」にも慣れています。夜のニュースでは、上院議員のスピーチから数語または数文だけを取り出した映像を編集でつなげています。以前は、絶対にやってはいけないことでした。映画の色使いについても、時代とともにスタイルは変わっていきます。非常に鮮やかなテクニカラーから、1930年代後半の劇場のようなルック（「オズの魔法使」（原題：The Wizard of Oz））、「スラムドッグ＄ミリオネア」（原題：Slumdog Millionaire）や「アバター」（原題：Avatar）のような超リアルなルックまで、さまざまです。長い目で見ると、すべてに固定的なルールはないことになります。編集スタイルも、自分の好きなように作れば良いのです。

しかし意図的に雑なつなぎにするのと、もっと良い方法を知らずにそうするのとでは、まったくの別物です。ピカソはいきなりキュビズムに飛び付いたわけではありません。描画の技法を理解した後のことです。最初に編集する数本の動画は、どうやっても、思うようにはいかないでしょう。だからこそ従来のシンプルな、シームレスな編集方法から学ぶことに、価値があるのです。

「シームレスな」編集とは、視聴者にカットのつなぎ目を意識させない編集スタイルです。つなぎがきちんとできていれば、妻が夫の肘をつついて「今の何？」と聞くこともありません。基本的なルールは極めてシンプルで、最大のルールはさらにシンプルです。

「ジャンプカット」が目についたら、つなぎ方が間違っています。編集点が目に付いたら（シーンが一続きのアクションに見えなければ）、つなぎを修正します。

このような編集は、「マッチカット」などと呼ばれます。編集でつなぐ2つのショットのアクションが、連続して起きているように見せることが目的だからです。両方のショットのアクションをマッチ（一致）させなくてはなりません。

習得するには実践あるのみです。さあ、はじめましょう！

最良の友人は「名前を付けて保存」と「取り消し」

時に、編集のアイデアが頭に浮かび、何の疑いもなく完璧だと思える時があります。確かに正しいことも1度か2度はありますが、残りは「取り消し」ました。

　　編集で何がうまくいくのかを本当に知る唯一の方法は、試すことです。編集でつないだ動画が、ぱっと面白くなるかもしれないし、完全にわけが分からなくなることもあります。見るまでは、何も分かりません。気に入らなかったら、それも経験です！試行する候補を1つ減らせたわけです。どんなことが気に入らないかを知ることは、大好きなものを知ることと同じくらい重要です。

　　「取り消し」ボタンはあなたを助けるためにあります。恐れずに試しましょう。いつでも、試す前に戻れます。

　　重要な動画に取り組んでいて、完璧に仕上げたいと思っているなら、「名前を付けて保存」する習慣を身に付けましょう。ファイル名を変えて、バージョンをいくつも保存するのです。私はたいてい、コンピュータソフトウェアのバージョンと同じように名前を付けていきます。「マシューの誕生日 Version.90」がラフドラフトだとしたら、後に続くバージョンは.91、92のようになります。好きな順番に組み立てられたら、バージョンは1.0、1.1と進み、大きく変更したら2.0とします。この命名規則なら、きちんと整理できます。

　　ホームビデオ用の編集ソフトには「名前を付けて保存」が無いものがあります。そうなると、2〜3種類のつなぎ方を比較するのが難しくなります。本気で編集に取り組もうと思ったら、同じプロジェクトを複数のバージョンで保存できるソフトを入手しましょう。

Chapter 63

冒頭を意識して締めくくる

「オズの魔法使」（原題：The Wizard of Oz）は、カンザス州のドロシーの家で始まり、結末もそこで迎えます。「ゴッドファーザー」（原題：The Godfather）は、ドン・コルレオーネの家で始まり、結末もそこで迎えます。「アバター」（原題：Avatar）はジェイクが目ざめるショットで始まり、終わります。こうしたコールバック（冒頭のアクションまたはロケーションが再び登場すること）によって、視聴者は満ち足りた気持ちになります。何かが、**まっとうな結末だ**と感じさせるのです。ヒーローたちは長い旅を終えて始まりの場所に戻ってきます。しかし、戻ることのできない変化がそこにあるのです。ドロシーは、家にいます。マイケルは、父のようになります。ジェイクは、2本とも脚の動く新しい体で再び目を覚まします（指は8本になりましたが、それは別の話です）。

コールバック（冒頭のアクションまたはロケーションが再び登場すること）によって、視聴者は満ち足りた気持ちになります。何かが、まっとうな結末だと感じさせるのです。

物語性のあるストーリーを語る時には、ストーリーテラーと視聴者の間に約束があります。その1つが、「物語の冒頭で紹介する情報は、ストーリーにおいて重要な意味を持つ」です。冒頭は設定です。視聴者は集中力を高めて聞き（または観て）、何についてのストーリーかを知ろうとします。ディテールにも意味があります。次に起きる何かは、前に起きた何かが原因です。冒頭に戻る場面では、そうしたディテールの重要性を確認し、同時に、ヒーローの旅の完結にスポットライトを当てるのです。

また、制作者はストーリーテラーとしての責任があります。重要でない事柄で視聴者の時間を無駄にしてはいけません。動画の冒頭で少女が5年間付き合っていたボーイフレンドに別れを告げ、バレエのオーディションに臨んだとします。もし、そのボーイフレンドがそれっきり登場しなければ、あるいは彼女の恋愛事情が何も示されなければ、視聴者は騙されたと感じます。そして、疑問に思います。なぜ最初に、彼女の恋愛関係を観せたんだろう？ あれは無駄な時間ではなかっただろうか？ ボーイフレンドのキャラクターが魅力的だったら、彼が再登場しなかったことへの怒りはさらに大きくなります。

ストーリーの遮断は、視聴者にとってかなりの苦痛です。ストーリーの大きい部分を展開させないままにすると、視聴者の側ではストーリーが終わりません。宙ぶらりんな気持ちになってしまいます。

TRY THIS

はさむ

冒頭とまったく同じ場所で終了することが**必須**だと言っているわけではありません。しかし、ほぼ確実に効果を発揮する技です。練習しない手はないでしょう。

手元のフッテージから、冒頭と結末に使うことで、ストーリーを伝えられるシーンを探しましょう。同じ場所または何かが似ている場所で撮影したシーンで、テーマに関連する重要な違いが1つあれば、理想的です。

たとえば、結婚式の動画なら、花嫁と花婿が別々に式場に到着するシーンを冒頭にして、2人が一緒に去るシーンを結末にもってくる方法が考えられます。会社のカスタマーサービスに関する動画なら、ソファにゆったり座って注文する顧客を冒頭にもってきて、届いた商品の箱を同じリビングルームで開けるところで終えてはどうでしょう。環境科学者とのインタビューなら、彼女がその分野に進むきっかけになった世界環境の問題について冒頭で話し、未来への希望を語るところを結びにします。

このような提案が皆さんの動画に当てはまらないとしても、冒頭で設定したことに何らかの関連がある、満足のいく結末を用意する責任があります。5歳の娘と動物園に行き、動物を見ているショットをたくさん使ったら、後部座席でぐっすり眠る彼女を乗せたクルマが走り去るシーンで締めくくります。リトルリーグの試合なら、試合の後に行われるチーム同士の応援で締めくくったり、75歳の誕生会で父親がろうそくの火を吹き消しているショットで終わってもいいでしょう。

動画を通しで確認し、話の脈絡がどこにもつながらない部分はすべて削除します。動画の冒頭で、後で追いかけるつもりのないディテールを見せないでください。後で再び登場するディテールについては、念を入れて示します。動画の最後までに答えられない（または答えたくない）疑問が残る部分は、削除します。

冒頭を「使用前」のシーンだと考えます。

「使用後」には同じ場所に、変化を遂げたヒーローがいます。

物語の結末が、はっきり冒頭につながると、満足度が高まります。メインの物語が終わったと感じるからです。ダース・ベイダーは最後の善行によって救われてから死に至ります。別の映画では、人間の王が半エルフの妻を迎え、王位に就きます。あるいは非常に年老いた外見で生まれ、成長するうちに若返り、幼くして死を迎えるブラッド・ピット主演の映画もあります。

世界最高の映画制作者たちは、映画の冒頭と結末を相互に関連付けます。彼らは、視聴者がそれまで観てきた映像の意味を理解できるようにしているのです。冒頭と結末に関連があると、視聴者はとても満足します。

編集は、視聴者をより満足させる方法で動画を「書き直す」最後のチャンスです。フッテージをもう一度最初から最後まで見直して、つながりの浅い部分を探しましょう。ほとんどの場合、そこをつなげると、動画は強い説得力を持ちます。

ストーリーを強化する

視聴者は何ひとつ、忘れません。

鑑賞する時には画面やスクリーンに集中し、ストーリーのすべてのニュアンス、すべてのディテールを拾っていきます。彼らは、制作者すら気付いていないテーマを見い出すこともあります。制作者がディテールに注目し、あちこちに散りばめれば、ストーリーの説得力が増し、視聴者はとても喜びます。冒頭と同じ場所で締めくくるのもその一例です。これ以外の方法もあります。

作品を強力にする最も簡単な方法は、できる限り早い段階で、ひととおり俯瞰することです。脚本やアイデアを練る段階で、ストーリーをどう紡ぐかを考えられれば理想です。

スタンダップコメディでコールバックを使うなら、前半で口にしたジョークを後でもう一度言います。これは動画にも当てはまります。私が監督した映画「ラスト・トゥー・ウィークス」(原題:Two Weeks) は、死に向き合う家族のストーリーです。ある親切な友人が、食欲のない家族にツナヌードルキャセロールを差し入れします。その後に、別のご近所さんがまた1つ持ってくると、家族は「大好物の料理だ」と嘘をついてしまいます。映画の最後、キャラクターの1人が冷蔵庫を開けると、上から下まで、キャセロールがびっしり入っています。このコールバックによってキャセロールのストーリーが締めくくられ、映画に深みが出ます。

コールバックがある種の再現(動画の早い段階で登場させたものに戻ること)なら、私は「さかのぼってつじつまを合わせる」方法も推奨しています。動画の後半で何か使えそうなことを見つけたら、「コールバック用に」前半部分に仕込むのです。

たとえば、動画のクライマックスでキャラクターの命が救われたとします。猫が目の前を横切ったので、接近してくるトラックの前に足を踏み出さずに済んだのです。それなら、冒頭に、この同じ猫にミルクをやる(または猫をなでてくしゃみする)シーンを入れられないでしょうか?

キャラクター以外でも同じことができます。最後の山場の舞台を地下鉄に設定するなら、前半のシーンもそこに設定したらどうでしょう? 動画の最後、真夜中に何か悪いことが起きるとしたら、それより前のシーンで真夜中に不吉なことが起きたらどうでしょう? 情報とテーマを作品全体に広げることで、密度の濃い、面白い動画になります。

メインプロットと同じく、サブプロットにも冒頭、中間、結末が必要だと考えると、ストーリーはもっと力強くなります。1時間もののテレビドラマ「Dr.HOUSE ―ドクター・ハウス―」(原題：House) からの1話を例にしましょう。原因不明の病気で死にかけている1人のブロガーの話がメインプロットです。第1のサブプロットは、ハウスの同僚の医師、ウィルソンの過去の秘密を病院中に聞こえる大声でわめき立てるハウスです。第2のサブプロットは、自分が見たものしか信じない論理マニアのハウスが、説教に関する本を読んでいることの謎です。各プロットのヒーローはそれぞれ異なりますが、どれもはっきりとした冒頭、中間、結末があります。すべてを紡ぎあげて全体としてまとめることができれば、完全で、複雑で、満足のゆくストーリーを語ることができます。

Chapter 64

最優先指令は明快さ

視聴者が離れていく、最大の原因は退屈です。2番目に大きい原因は、分かりづらさです（それは……そう、退屈につながります）。視聴者は、何が起きているのかが分からないのに、動画を見続けて理解しようとは思いません。動画に関する意思決定のすべてにおいて、明快さにこだわりましょう。

明快な動画を作るには、視聴者に対する思いやりが必要です。視聴者が必要な情報を、視聴者が理解できる方法で提供します。つまり、物事をはっきりさせ、視聴者の立場に立って動画について考えることです。スクリーンに映るもの以外、何も情報を持たない、初見の人の立場で考えましょう。

視聴者は、何が起きているのかが分からないのに、動画を見続けて理解しようとは思いません。

視聴者の疑問すべてに答え、細かいことまできちんと見せます。あえて謎にしておきたい場合には、制作者が意図的に行っていると理解できるようにします。そして動画が終わる前に、その謎を解決します。

ここで、人目につかないように隠れているキャラクターを示す2とおりの方法を考えてみましょう。

最初は、ヒーローが通りの角に隠れて、何かを見ています。彼が何を見ているかは、視聴者には分かりません。じっと見つめています。次のショットでは、キャラクターはつけ髭とつけ鼻をし、サングラスをかけ、角にいったん隠れると、人ごみに紛れます。次のショットでは鉢植えの植物の影に隠れ、レストランで友人と昼食をとる女性を隠し撮りしています。

この3つのショットで1つのストーリーです。

冒頭のショットでは彼が何をしているのは分かりませんが、後に続くショットで情報が追加されていきます。最後には、この動画のヒーローがある女性の行動を探っているのだと分かります。彼が意図的かつ明快に**何か**をしていて、動画の進行によって情報が徐々に明かされるなら、問題ありません。たとえ彼の行動の理由が（今のところは）理解できないとしても。実際、視聴者は、なぜ彼が隠れて付け狙っているのかを知りたくなります。そして次に何が起きるのかと、関心を持ちます。

1人のキャラクターが誰かを尾行しています……

それでは、次のシーケンスを想像してください。ショット（a）で、男性がポケットに手を入れて通りを歩いています。ショット（b）に切り替わると、通りの角から何かをこっそり見ています。ショット（c）では、また通りを歩いています。ショット（d）は、バーで友人と口論する男性です。キャラクターが何をしているか分かりますか？　分かりませんよね。私も分からずに書きました。

……視聴者は、その理由が知りたくなります。

アクションはクリアか?

動画を少しずつ観ていきましょう。
2〜3シーンくらいずつ、一度に1分
以上は観ません。そして、それぞれの
部分で以下を確認します。

- 今何が起きているか、本当に分か
  るか?

- このシーン、またはこの部分は
  面白いか? 次に何が起こるか、
  観たい気持ちになるか?

- このシーンは、直前のシーンから
  続いているか? 直前のシーンで持ち
  出された疑問に答えているか?

- このシーンで、どんな疑問が持ち
  出されるか? その答えは、すぐに
  示されるか?

2つ目のバージョンでは、動画制作者はこのキャラクター
が身を隠していると**頭で考えては**いますが、視聴者に**見
せて**はいません。バラバラのショットがどのように関係し
ているのか、手掛かりが示されないのです。注目すべき
脈絡もありません。情報が何も追加されません。このよ
うな動画を見せられると、数分で退屈します。あと数分
でどうでも良くなり、別の動画を観るか、ほかのことを
はじめます。

頭の中にある自分のアイデアをいったん取り出し、それが
動画ではっきり示されているかどうかを確認するのも、
編集の仕事に含まれます。視聴者になったつもりで頭を
まっさらにして、重要なポイントがすべてつながれている
ことを確認しましょう。ストーリーを語るときには、視聴
者が理解できる方法で語ります。

Chapter 65

ソフトウェアの
トランジション効果を
オフにする

動画のトランジション（ショットから次のショットへの遷移方法）は、基本的に3種類あります。各トランジションには独自の意味、ルック、フィールがあります。

カット：ショットから次のショットに1フレームで変わるつなぎ方です。あるシーンを別アングルの映像に切り替えるだけなら、カットでつないでいることは目に付きません。キャラクターの喉が切り裂かれて「ハッ!」と息をのむと、同じキャラクターがベッドで目を覚ましてすべて夢だったと気付くシーンに突然変われば、ショッキングな映像になります。

ディゾルブ：シーンが徐々に薄れ（フェードアウト）、次のシーンが徐々に現れる（フェードイン）つなぎ方は、通常は、時間が経過したことを暗示します。しかし、白いスクリーンへのディゾルブはキャラクターが死んだ瞬間、黒いスクリーンへのディゾルブはたいてい映画の終わりを意味します（重苦しい雰囲気から次のシーンへの転換の場合もあります）。

ワイプ：新しいシーンがスクリーンの片側（上下左右）から「入ってくる」遷移方法です。モノ（壁や人）が通過すると別のシーンに切り替わる、現代版のワイプもあります。ワイプが意味することはカットと同じですが、印象が違います。ある場所や時間に単に切り替わるのでなく、物理的に別の場所や時間に移動したように感じます。

ワイプ：ショット1でキャラクターと、彼らがいる
最初の場所を示します。

カメラがフレームを区切る何か（この場合は壁）を
通り抜けているような画になります。

壁が、新しいシーンとの区切り（遷移の境界）に
なっています。新しいシーンでは、同じキャラクター
が違う場所と時間にいます。

動画編集ソフトを開くと、この3つ以外にもたく
さんの選択肢があります。フレームが格子状
に9つに分割され、それぞれが小さいボックス
のように開くと次のシーンに変わる、クールな
効果。円が徐々に小さく（または大きく）なって、
次のシーンに変化する効果。あるいは、デジ
タルの星がキラッと光ると次のシーンが画面に
入ってくる……例を挙げればきりがありません。
サードパーティーの開発者がダサい動画効果を
作るたびに、喜んでそれを購入し、コンピュー
ターにロードする人もいます。

自分に次の質問をしましょう。テレビドラマ
「CSI」ではどうやってシーンを切り替えていま
すか？ ピクサーの映画ではどんなトランジショ
ンを使っているでしょう？ ニュース番組では？
ほとんどはカットで、ワイプがたまに、そしてディ
ゾルブはせいぜい1回～2回でしょう。そうで
す。デジタルのキラキラや、円は1度も使われ
ていません。

たくさん編集して、上々の動画が30本もできる
ころには、基本をマスターし、デジタル効果の
1つも面白く取り入れてみたいと思うでしょう。
あるいは、面白がって実験しているうちに、さま
ざまな技術が組み合わさった素晴らしいトラン
ジションを発見するかも知れません（輝く軌跡
を残して前のフレームが消えていく、素敵な効
果とか……）。可能性はあります。でも、基本の
マスターが先です。

マスターするまでどうするかは、あなた次第で
す。プロと初心者、どちらが作ったように見え
る動画を目指していますか？

トランジションをやり直す

派手なトランジションをいくつも使って編集した動画はありませんか? それを編集ソフトに読み込みましょう(オリジナルのフッテージか、編集可能なファイルを読み込みます。完成版は別にとっておきましょう)。ダサくても心配不要です。これからそれを修正します。過去のことは、すべて水に流しましょう。

さて、編集ソフトで付けた複雑なワイプやデジタルのトランジション効果はすべて削除します。

ディゾルブがある? おそらく必要ないでしょう。かつてハリウッドの監督たちは、時の経過を示すためにディゾルブを使っていました。しかし、この30年間で視聴者の動画言語の理解は高度に洗練され、今は使われていません。ある場所から別の場所にカットでつなぐだけで、誰もが理解します。ディゾルブを使うと、たいてい、古臭く見えます。消してしまいましょう。

ワイプは、ごくごくたまに使う程度なら問題ありません。私は、1年に1回〜2回使います。

もし、今編集している動画で使っていたら、消してください。

えーっと。ワイプなし、ディゾルブなし、効果なし? 何が残っていますか? そうです、カットです。動画全体をカットだけで組み立てましょう。

動画を最初から最後まで見直し、良いところだけを残して引き締めます。長すぎるよりも、短すぎる方が良いのです。

さて、どうなりましたか? すっきりして、プロらしくなっていませんか? シンプルで、洗練されています。でもあなたの動画ですから、判断はお任せします。

効果が気に入っているとしても、次の動画は、カットだけでシンプルにつなげたバージョンをはじめに作ってください。編集時間が短くなるはずです。そして作業を終える時には、これまで使っていた飾りの効果はすべて必要ないと、が理解できるはずです。

Chapter 66

疑わしきは
削除する

「The Health Squad」というチームを作り、医療系 Web 用の動画シリーズを撮影したことがあります。その時のエピソードを例に説明しましょう。チームメンバーには医師 2 人、看護師 1 人も含まれ、健康問題を抱える人がいる家を抜き打ちで大改造する様子を撮るのです。その回は、2 型糖尿病の患者さんでした。

シリーズの撮影はリアリティ形式で行われました。患者の病歴から、チームで実施する改造作業のリストをまとめました。撮影プランはありましたが、リアリティ形式だったため、本当に**起きた**とおりの展開を撮影する予定でした。

半日かけてショットリストをこなし、素晴らしいフッテージを撮影した後のことです。患者がカメラの前で、血糖値の検査を 2 年間受けていないと言い出しました。糖尿病を患っているなら、あってはならないことです。ただちに検査を受けてもらうことになりました。やはりカメラの前で。値は非常に高く、動画に収める意味では良いアクシデントでした。チームにとっては、本当に彼女のためになるように、生活にしっかりと介入するチャンスになりました。

2 週間後、ラフに編集した動画は**とんでもなく**長すぎました。90 秒ほどのパートを 3 つで構成しようと計画していたのに、3 つのパートはどれも 3 分を超えていました。問題は、どれも非常によく思えたことです。とても良かったのですが、最高ではありません。

どこを切るかについて真剣に考え始めたのは、その時です。各部分を
ショットごとに確認し直し、**最高**でないものは削除しました。それで短縮
できたのは、たった 20 秒でした。今度こそ**本気**を出さなければ。90 秒
にしたい動画に対して、3 分超えは驚異的な長さです。

使える長さにするための最後の手段として、ストーリーライン自体をざっ
くりと切り取ることにしました。医師が患者に糖尿病に優しい食事を作
る部分？ さよなら。エアロバイク？ 捨ててしまいましょう。戸棚を片付
けている時に看護師が言ったジョーク？ 思い出しにしましょう。何時間も
かけた撮影が、コンピューターのゴミ箱に入ることになりました。

動画がやっと 2 分以内に収まると、面白いことが起こりました。生き生
きとしてきたのです。前よりも、1 つひとつが意味を持つようになりました。
本題からそれる部分もありません。すべてのアクションがクリアです。
ここまでの道のりは痛みを伴いましたが、結果は素晴らしいものでした。

素晴らしい動画になるか、2 度と見たくない動画になるかは、どれだけ
前向きな気持ちで削除できるかにかかっています。「医師が夕食を作る」
ストーリーラインに悪いところはありません。ただ、「患者が血糖値を検
査する」ストーリーラインよりも重要度が低いのです。重要なストーリー
から焦点をずらし、弱める働きをします。

良い動画は時間とともに良くなり、悪い動画は悪くなる一方

神は、たいして気に入っていない作品に安易に
妥協する制作者に、特別な地獄を用意しました。
「自分の動画を繰り返し見せられる」地獄です。

　　　良い動画は観るたびに好きになりますが、
悪い動画はどんどん嫌いになります。最初に観た
時には軽く見過ごした小さい問題が、指に刺さっ
たとげのように気になり始め、観るたびに痛みが
増していくのです。

そんな罠に、はまらないでください。「再生」
を押すたびにスクリーンに映る何かが気になりだ
したら、その原因を見つけましょう。目にするた
びに何かが気に入らなくなっていくのなら、その
感覚はおそらく当たっています。間違った選択を
したと気付いたら、すぐに修正するか、削除し
ます。そうしないと、気が変になります。

　　　反対に、観るたびに好きになるなら、喜び
ましょう！ 素晴らしい動画になるはずです！

良くない部分を捨てるのは簡単です。難しいのは、良い部分を削除することです。これが、動画編集に「自分の子どもを殺すようなもの」という表現が使われる理由です。自分が思い描き、生み出したものでも、最終的な作品の役に立たないなら削除するほかはありません。

「〜〜しなければならない」は、敵です。いかなる理由でも。

「撮影がとても大変だったから」「[XX さん]が怒るに違いないから」「私の大のお気に入りのショットだから」" 使わなければいけない " ことはありません。「〜〜しなければならない」がなくても、お気に入りのショットを切り取るのはまるで、誰かをクビにするような気分です（実際それと同じ場合もあります。私は「ラスト・トゥー・ウィークス」（原題：Two Weeks）の撮影後に、ある人物が映った場面をすべて削除しました）。

はっきりと意思を持ち、二流ではなく、一流を目指しましょう。使い古された映画の格言「疑わしきは削除する」の出番です。この難局を乗り切れば、その向こうには良いことが待っています。**役に立たないのではないか**と思うショットがあれば、手放しましょう。「悪いかどうか分からない」は、「良くないのは分かっているけれど、認めたくない」と同義です。

グッとこらえて。削除しましょう。

長さに制限があると、編集の腕が上がります。あるショットを捨てるべきかどうかに迷ったら、それを削除すると本当に重要な 6 秒を確保できると考えましょう。苦しい決断を下す助けになるはずです。

全体の長さが変更不可と決まっているプロジェクトで、規律を守るのは比較的簡単です。コマーシャルなら、30 秒より長くても、短くてもだめです。番組放送なら、1 時間番組のコンテンツは 44 分と決まっています。交渉の余地なし。映画の予告なら、2 分 30 秒です。

Web はずっと柔軟です。自分で制限を設定する必要があります。

TRY THIS

時間に合わせる

次のプロジェクトでは、およその時間枠を想定したら、その枠の最も短い長さを目標にしましょう。編集でその長さまで短縮し、1 秒もオーバーしないようにします。

時間の融通がきかない、コマーシャルや予告編のルック＆フィールを目指すなら、同じ時間制限に従います。デモでコマーシャルを作るなら、2 間ではなく、30 秒にします。そうでないと、コマーシャルのような感じには受け取ってもらえません。

Chapter 67

遅めのIN、早めのOUT

映画に、次のようなレストランのシーンはありません。

男性（ウェイターに向かって）：勘定を頼む！（向かいの女性に）楽しかったよ。

女性：ええ、私も。この前ランチをご一緒してから、もう1年も経つのね。信じられないわ。デビーによろしくと伝えてね。

男性：君はデビーが嫌いなんだと思ってた。

女性：そしてあなたは、ロジャーが嫌い。

男性：ただの焼きもちさ、多分ね。

女性：本当に？

2人は見つめ合います。会計伝票が届きます。

男性：ここは僕が持つよ。

女性：ありがとう！ 次は私が払うわ。

男性が伝票を見ます。

男性：35ドルの15パーセントっていくら？

女性：ちょっと待って。（考えながら、指を使って計算する）5ドル25セントよ。

> シーンを短くするには、重要な部分が始まるところ、できるだけギリギリから始めます。

男性：ありがとう。

彼はクレジットカードをテーブルに置き、2 人で待ちます。

女性は iPhone を取り出し、画面を見ています。男性があたりを見回していると、ウェイターがようやく、伝票を手に戻ります。男性が支払いを済ませます。

次のシーンにカット。

これは長いシーンではありません。映画なら、45 秒程度でしょう。しかし、映画でこういったシーンを観ることはありません。必要な時間より少なくとも 2 倍は長く、したがって 30 倍は退屈だからです。スクリーン上のキャラクターが iPhone を取り出したところで、観客もそうしたくなります。

さて、シーンを再編集しましょう。重要な情報を失わずに、できる限り遅く始め、面白いことがすべて起きたら時点で、ただちに終了します。

ランチを終えようとしている男性と女性にカット。

女性：この前ランチをご一緒してから、もう 1 年も経つのね。信じられないわ。デビーによろしくと伝えてね。

男性：君はデビーが嫌いなんだと思ってた。

女性：そしてあなたは、ロジャーが嫌い。

男性：ただの焼きもちさ、多分ね。

女性：本当に？

2 人は見つめ合います。長い沈黙……

男性（ウェイターに）：勘定を頼む！

次のシーンにカット。

TRY THIS

必要最小限の要素

最近撮った動画を編集ソフトで開きます。

好きな 1 シーン（または長いショット）を選び、冒頭のセリフまたはアクションをぎりぎりまでトリミングして、本当の開始点を見つけます。どうなるでしょうか？

冒頭の映像の一部を削除してうまくいったら、そのままトリミングを続けます。少しずつ、切り詰めて、開始を遅くていきします。変更するたびに、シーンを再生しましょう。

ある時点で、それ以上切ると、違和感を覚えます。シーンが意味をなさなくなったら、操作を 1 つ前に戻します。残った映像を確認しましょう。

ストーリーは、意図したように語られていますか？ いつでも、1 つずつ元に戻せます。冒頭として十分かつ余分なところがない、その動画にぴったりの開始点を見つけるまで、シーンの編集を続けます。

終わりも同じです。少しずつ終わりを早めていきます。アクションやセリフを 1 つずつ、削除していき、早すぎると感じるところまできたら、手順を 1 つ取り消します。その変更によって、シーンはどう変わりますか？

何かを削除して、それが気にならなかったら、忘れましょう。もともとそこにあるべきではなかったのです。

このバージョンなら、シーンは 15 秒です。レストランでのささいなやり取りを飽きるまで観る代わりに、キャラクターの関係に注目できます。それに、興味をそそられます。次に何が起きるのか、知りたくなります。

短いシーンはストーリーを動かし続けます。映画やテレビのシーンが 1 分より長く続くことはめったにありません。

シーンを短くするには、重要な部分が始まるところ、できるだけギリギリから始めます。その前の部分はすべて削除します。あなたの子どもがサッカーシューズの紐を結んでいるところは、本当に見せる必要がありますか？ または、彼がサッカー場を向こうへと走っていくところを冒頭のショットにしますか？

シーンを撮り終えるまでの間は、新しい情報が得られる瞬間を探します。計画していたすべての情報を得たら、撮影を止めます。演劇会の後に、舞台上で拍手喝采に礼で応える娘があなたに微笑んだら、そこで終了です。照明がつくまで撮影を続ける必要はありません。

||||||||||||||||||||||||||||||||||||||||||||||||||||||||||||||||||||||||||||||||||||||||||||||||

あらゆる形態の「移動時間」を削除する

映画の登場人物が職場から自宅のリビングルームに移動する時、彼女がコートを着て、エレベーターに乗り、クルマまで歩いていき、エンジンをかけ、駐車場からクルマを出し、家に着くまでに何度も角を曲がるといったことは、いちいち見せません。そんなことをしたら、退屈です。

　こんな具合です。シーン1で彼女は、中心街にあるオフィスのデスクで泣いています。次のカットはアパートのリビングルームで、彼女はティッシュボックスを持ってソファに行き、テレビをつけるとお涙ちょうだいのロマンチックコメディを観ています。視聴者は「どうやって家に着いたの?」と聞きはしません。違う場所のショットにカットすると、視聴者は「時間と空間を移動した」のだと理解します。

　形態を問わず、「移動」を示す部分を削除して、動画を短くしておきましょう。次に誕生会を撮影する時は、ケーキを食べる娘をリアルタイムですべて撮影しようとはしないでください。

　ショット1:ハイチェアのトレーに、誰かがチョコレートケーキを置きます。あなたのきれいな赤ちゃんはそこに座り、興味深そうにケーキを見ています。カット。

　ショット2:チョコレートだらけになった娘が、クリームをもっと頬張ろうとしています。可愛らしいうえに、退屈しません。

　もし次に「ここからあそこまで、どうやって移動させようか?」と思ったら、思い出してください。おそらく、撮影する必要はありません。ただ、カットでつなぎましょう。視聴者の脳が中間をすべて補ってくれます。

ショット1:赤ちゃんとケーキの出会い。

ショット2:台無し。視聴者の脳が、その間に
　　　　　起きたことを補います。

Chapter 68

優れた効果は動画を面白くする

J・J・エイブラムス監督のリブート版「スター・トレック」（原題：Star Trek）では、動くものをすべて爆破する、ロミュラン帝国の巨大な宇宙艦の中をカークとスポックが走ります。2人が冗談を言い合いながら、敵の小さい宇宙船に飛び乗ると、音楽のボリュームがあがります。最後に、スポックが宇宙船を起動させると、エンジンの爆音が響き、飛び立ちます。勝利です。

そのシーケンス内の音は、撮影時にどの程度存在したと思いますか？ 1つもありません。音楽、銃声、足音、激しい息、宇宙船のドアが開く音、そして少なくともセリフの一部は後で編集室で追加されました。

ハリウッドが初期に得た教訓が1つあるとすれば、「バン」という銃声なしには、銃撃もそれほど衝撃的ではないことです。

一般的な長編映画では、数週間かけてサウンドエフェクトを追加し、音声を調整します。ハリウッドが初期に得た教訓が1つあるとすれば、「バン」という銃声なしには、銃撃もそれほど衝撃的ではないことです。

私たちは動画に加えられた作り物のサウンドエフェクトにすっかり慣れ、それを意識することもありません。実際に誰かを殴ったとしたら、近くでも聞き取れないほどの**ゴツン**という音しかしないでしょう（信じられないなら自分の太ももを殴ってみてください。誰も見ていない時にね）。何かを壊したら、小さく**パリン**でしょう。映画では、**ゴツン、グシャッ**という骨に響くような音のパンチを食らい、**グワッ！**という声を聞きますが、これはすべてサウンドエフェクト技術者が作っています。バットでスイカを割り、俳優がリアクションの声を後付けで録音しているのです。

コンピューターで編集しているなら、サウンドエフェクトは簡単に追加でき、動画の印象を高めてくれます。CD または Web から、サウンドエフェクトライブラリを購入することも、自分で録音することもできます。

サウンドエフェクトは、慣れないうちは、少し奇妙な感じがするものです。音量には気を配ります。大きすぎるサウンドエフェクトは、不自然です。自然な効果音になるまで、調整しましょう。適切なサウンドエフェクトはとても自然で、追加したのだという事実さえ忘れてしまいます。

TRY THIS

よく聞こう!

編集の際（そして完了したら必ず）、最初から最後まで、耳を使ってひととおり確認しましょう。何かが起きているのに音がないところがあれば、サウンドを使うチャンスです。大きい衝突から始め、小さい衝突の順に作業をします。クルマのドアは「バン」と閉じますが、衣服が擦れる音はなくてもかまいません。

Chapter 69

音楽を追加する

音楽は、動画に生命を吹き込みます。編集のリズムを作り、感情に寄り添い、必要な時には気分を高揚させられます。編集で音楽を使うようになると、適切な音楽は動画を輝かせ、そぐわない音楽は台無しにすることが分かってきます。

脚本を読んだ段階で、使いたい音楽が頭に浮かんでいる監督もいます。脚本家の中にも、執筆する時にそれが分かる人もいます。そのほかの人たちは、直感とトライ＆エラーの組み合わせで、ぴったりの音楽を見つけます。

直感にしたがうと、その瞬間の感情にふさわしい音楽を探そうとするものです。つまり、悲しいシーンには悲しい音楽を探します。しかし、正反対の感情の音楽を流すことで、必要な音楽が見つかることもあります。

音楽が動画に合っているかどうかを知る唯一の方法は、試すことです。動画に音楽をつけるのに、遠慮はいりません。音楽をつけてもよくならなければ（自分ですぐ分かります）、別のことを試します。音楽がふさわしくないシーンもあります。そういうシーンはすぐに分かります。**どうやっても**うまくいかないからです。

直感にしたがうと、その瞬間の感情にふさわしい音楽を探そうとするものです。つまり、悲しいシーンには悲しい音楽を探します。しかし、正反対の感情の音楽を流すことで、必要な音楽が見つかることもあります。シーンの意図とは逆の曲を探して使ってみましょう。悲しいシーンに陽気な音楽、勝利の瞬間に重苦しい音楽など。それが編集にどう影響するかを確かめます。

TRY THIS

音楽をつける

音楽なしで完成させた動画を用意します。編集していなくてもかまいません。未編集の映像なら、編集ソフトに読み込みます。

曲を3つ選びます。動画の雰囲気に合うもの、正反対のもの、動画の雰囲気にまったく関係ないと思われるものの3つです。歌でも、演奏だけのクラシックやジャズでも、映画のサウンドトラックの曲でも大丈夫です。もちろん、自分で作曲したものでもかまいません。

1曲ずつ、動画に組み合わせて、どうなるかを試しましょう。原則として、音楽によって動画が良くならないのなら、やめておきます。選択した曲のどれかで、動画は良くなりましたか？ そうでない場合は、どんな曲がよさそうか、手掛かりは得られましたか？

皆さんの想像以上に、反対の曲を組み合わせるとうまくいくことが多いものです。そして少なくとも、この練習によって、音楽の選択の幅の広さが分かるはずです。

既存の曲でも、映像に合わせて作った曲でも、音楽によってシーンが実に生き生きとすることには、いつも驚かされます。1940年代のトーチ（失恋）ソングを何曲かミックスし、映像に合わせてジャズ風の曲を作ったことがあります。絶対にうまくいくと思いましたが、そうはなりませんでした。シーンが本当に生き生きと輝いたのは、作曲家がその動画のために作った、ギターとピアノだけのシンプルな曲を付けた時でした。

Chapter 70

グラフィックスは
ほどほどに

編集に入ったら、「これは何のために必要なのか?」と、頻繁に自問してください。「なくてもいいかな」と思ったら、削除します。グラフィックスに関しては、この問いかけの重要度は3倍にも、4倍にもなります。

グラフィックスが有効なのは、以下の用途に使う時です。

動画のタイトル:「マシュー15歳の誕生日 2011年10月24日」は、グラフィックスが効果的な例です。シンプルな黒のカードに白文字のタイトルを作り、動画が始まる前に3秒ほど表示したり、オープニングの映像にかぶせて短時間表示します。

テロップ:人の名前を表示したり、時間や場所を示すのにもグラフィックスが役立ちます。「スティーヴ・ストックマン 著名な作家」「ロサンゼルス 2076年」といった具合です。

エンターテインメント:動画に関連する情報のポップアップ、吹き出し、魅力的なデザイン、場所や時間を示す短いテキストなど、動画をドラマチックに盛り立てたり、面白くするグラフィックスを考えましょう。

クレジット:自分の名前が動画の最後に表示されれば、嬉しいものです。

グラフィックスにはさまざまな用途がありますが、「たくさんの事実情報を伝える」ことは、用途のリストに含まれません。

「たくさんの事実情報を伝えること」は、このリストにありません。作っているのは動画であって、PowerPointではないのです。動画は、事実をしっかり伝えることには向いていません(PowerPointも同じですが、この本

では説明しません）。視聴者が期待しているのは、講義ではなく、楽しませてくれるちょっとした映像です。

以下に、グラフィックスを**使わない方が良い**例を紹介します。

必要ない情報を伝える：以前制作したコマーシャルで、クライアントが、ギリギリになってインタビューを受けた人たちのファーストネームと住んでいる場所を表示するよう求めてきたことがありました。お客様が商品の良さを一言ずつ紹介していく、証言形式のコマーシャルです。理由を聞くと、「コマーシャルに"地方色"が加わって、"本当の意見"らしく見えるからというのです。私は、「コマーシャルはシアトルで撮影している。全国の視聴者に、登場する人が全員シアトル在住だと伝えても、コマーシャルの効果が向上する可能性は低い」と指摘しました。すると、クライアントはそのアイデアを全面的に取り下げてくれました。おかげで、彼らの名前を表示すると、製品の売り上げアップにつながる理由をクライアントに尋ねずに済みました。

> 動画のすべての要素には、そこに存在する理由が必要です。グラフィックスも例外ではありません。

動画のすべての要素には、そこに存在する理由が必要です。グラフィックスも例外ではありません。

必要だと思い込んでいる事実や数字を伝える：動画は、客観的な情報のリストをうまく伝えられないことで有名です（28 ページの「動画にする理由は？」参照）。視聴者が理解できるのは、ストーリーの中でも重要な 1 つか 2 つの事実だけです。残りは見てもすぐにどこかに抜けていってしまいます。

動画にグラフやチャートを挿入したいなら、それなりの理由がなくてはなりません。動画のほかの要素と同じく、グラフィックスにもヒーロー、導入、中間、結末が必要です。単一の明快なポイントを伝え、見た目に楽しいことも大切です。

面白くて困ることはありません。モーガン・スパーロックのドキュメンタリー映画「スーパーサイズ・ミー」（原題：Super Size Me、2004 年）には、グラフィックスが効果的に散りばめられています。たとえば、モノポリー

に出てくるような大金持ちがポケットから金を出すアニメーションは、ファストフード業界が、新鮮な果物や野菜の栽培者ではなく、宣伝・広告に大金を払っていることを表現しています。数字も示されましたが、私はいくつだったか覚えていません。でも、そのグラフィックスが意味することは理解しましたし、記憶にも残っています。

この映画では、ほかにもさまざまなグラフィックスを利用して、大胆かつ明確に 1 つの要点を伝えています。マクドナルドのフラッシュカードで埋め尽くされたマンハッタン島は、肥満によって引き起こされる健康問題を表しています。太った女性のインタビューに棒のようにガリガリのモデルのカットアウトを重ねたり、チキンマックナゲットがいかに自然な食品とはかけ離れているかをカートゥーンで表現したりもしています。どれも印象深く、愉快なストーリーです。簡単なタイトル以上のことにグラフィックスを使うなら、ストーリー性は欠かせません。

TRY THIS

「ミニマム」のルールに従う

グラフィックスはシンプルで簡潔に。書体はシンプルで読みやすく。色は黒（背景が暗いなら白）で、サイズは小さく。小細工は要りません。ストーリーを伝えるのに役立つと判断した場合に**のみ**、グラフィックスを使います。

活字を使うなら、以下についても考えてください。

　　すべて大文字にするか？

　　文字を点滅させるか？

　　影付きのフォントやアウトライン付きの
　　フォントを使うか？

　　文字をスクリーン上で回転させたり、
　　変形させるか？

もう皆さんは 200 ページ以上本書を読んできました。正解は何だと思いますか？

グラッフィクスの見栄えを良くしたいなら、優秀なグラフィックデザイナーの作品からヒントをもらいましょう。最近の Web 閲覧履歴を確認すれば、魅力的な見栄えのサイトがいくつか見つかるはずです。私が好きなのは Apple.com ですが、ほかにもインスピレーションを与えてくれるサイトはたくさんあります。無駄がなく、使いやすく、目に心地良い Web サイトを見つけ、そこでどのようにグラフィックスが使われているかをチェックしてください。

タイトルを画面に表示する時間は、それを声に出して読むのに必要な時間よりも少しだけ長くします。黒の背景にタイトルだけを表示しても、1 つのショットに重ねて表示しても、複数のショットにわたって表示してもかまいません。考慮するのは、タイトルを読むのに必要な時間です。さまざまな方法が考えつくでしょうし、それぞれが違う感じになります。どれが良いかは、試してみれば分かります。

Chapter 71

デコレーションケーキの原則

あなたは結婚式で上映する動画のために、家族へのインタビューを収録し終えたところです。しかし、インタビューをコンパクトにする作業がうまくいきません。誰もがゆっくり話すし、質問の仕方が悪い時もあり、期待していようなコメントがほとんど返ってこなかったからです。不要な言葉や、話が長く途切れたところを消すと、映像がスムーズにつながりません。結婚式は2日後です。

こんなときは、ルールから外れましょう。

パティシエは、形が崩れたケーキを手早く直すには、おいしいクリームで覆い隠すのが一番だと知っています。

本書はこれまで、おかしなエフェクトによる悪影響を何度も語ってきました。皆さんのコンピューターにインストールされている動画編集ソフトウェアには、間違いなく、星形のワイプや、貴重な「掘り出し物のフイルム」風に見せるためのセピア＆ダスト加工など、おかしな機能のボタンがいくつもあります。

何度も指摘したとおり、私は、このような機能を推奨しません。シンプルかつエレガントがモットーです。

しかし―

編集していると、2つのショットがどうやってもうまくつなげられそうにないと思うことがあります。カットでのつなぎがうまくいかなくても、それをどうにかして使わなくてはなりません。そんな時に役立つのが、パティシエの知恵です。

パティシエは、形が悪い、型から出す時に崩れてしまったケーキを手早く直すには、おいしいクリームで覆い隠すのが一番だと知っています。皿に乗せてしまえば、崩れた部分は誰にも見えません。

崩れたケーキに乗せるクリームの代わりになるのが、普段なら避けるべき、エフェクトです。フラッシュフレーム、デジタルズーム、カラーシフト、エフェクトなどが、問題を隠してくれます。

結婚式での動画上映をあきらめずに、アップテンポのラップ音楽をサウンドトラックに加えたり、不要な部分を徹底的に削除しましょう。カットポイントにフラッシュフレーム（真っ白のフレームまたは白飛びした動画）を挿入して、隠すのではなく、逆に強調するのも1つの方法です。スローテンポの動画がヒップホップ動画に変身して、案外うまくいくこともあります。

編集ソフトの機能を駆使すれば、問題のあるカットも救えます。どんな風に仕上げようと**思っていた**かは、あなた以外は誰も知りません！ 自由に試しましょう。

応答手段を用意する

物品販売、教育、あるいはモチベーション向上のための動画を作る時には、視聴者が応答できる手段を用意します。

販売なら、購入用のWebサイトに誘導します。募金を呼びかける動画なら、動画のページに「寄付」ボタンを追加します。コミュティを作りたいなら、コメントを求め、ディスカッションに参加できるようにします。

人々がアクションを起こす手立てを探し、用意しましょう。動画の最後にWebアドレスを表示するだけなら、難しくはないはずです。最近のWebアプリの中には、動画にクリック可能なリンクを埋め込めるものもあります。YouTubeなら、連絡先や次のアクションの手順を説明文として掲載できます。

視聴者に取ってほしいシンプルなアクションを1つだけ、なるべく具体的に示すことが大切です。人は忙しいものだと考えましょう。指示があいまいだと、誰もやろうとはしません。「このURLにアクセスして寄付をお願いします」「ここをクリックして嘆願書に署名してください」など、分かりやすく簡潔に示します。

情報は、動画のコンテンツに直接追加する方が効果的です。ほかの人のサイトからリンクが張られていたり、動画がほかの人のサイトに埋め込まれている場合には、付属する情報が表示されない可能性があります。覚えておきましょう。

PART 7

まとめる

動画プロジェクトで最も難しいことの１つが、
完成のタイミングを知ることです。
完成とする前に、次のように自問することでしょう。

これでもう、おかしいところはないか？

もっと良くすることはできるか？

もう十分手をかけたか？

**このセクションでは、タイミングを決めるための
ヒントをいくつか紹介します。**

Chapter 72

作品を見せる
タイミング

誰もいない森の中で上映するだけなら、あなたの動画は何の役にもたちません。自分のために、絵を描いたり、詩を作ることはあるでしょう。しかし、動画はパフォーマンスアートです。観てくれる人が必要です。

観てくれる誰かのために制作するとはつまり、アーティスト（あなたです！）が、相反するゴールの間に張られた綱を渡るようなものです。メッセージを伝えるためには楽しくなければなりません。メッセージを伝えられないなら、ただ楽しませることに意味はありません。一方に偏れば、視聴者に迎合するだけで、自分のビジョンを失うことになります。もう一方に偏れば、視聴者に対する配慮のない、すぐにでも席を立ちたくなるような動画ができあがります。

素晴らしい動画を作るには、両方の目標を達成すること、つまり自分の真のメッセージを伝えると**同時に**、視聴者の心をとらえることが必要です。

観てくれる誰かのために制作するとはつまり、アーティスト（あなたです！）が、相反するゴールの間に張られた綱を渡るようなものです。

このバランスをうまい具合に取るには、自分が望むものを作り、「作り終えたら」誰かに見せ、自分のポイントがしっかり伝わるかどうかを確認します。映画とコマーシャルでは、対象となる視聴者を集めて、試写が行われます。視聴者にプロジェクトの「評価」を頼むことが多いのですが、実際には、クライアントやスタジオを「安心」させるために行っているようなものです。映画制作者にとって重要なのは、コメントです。コメントからは、視聴者が理解できなかった部分、誤解したところ、期待と違ったことなどが分かります。

皆さんも自分の作品を友人に観てもらい、コメントをもらえば、同じこと
です。

動画を披露する適切なタイミングは、動画を見返して（おそらく400回
ほど）、もうそれ以上改善の余地がないと思った時です。編集には問題
がなく、ライティングや色といった技術面も問題なく、あなたは動画に
満足です。これ以上、改善すべき方向性が見つかりません。

それよりも早い段階、すなわち「どういう結末にするか」「製品ショット
がしっかり見えているか」「悪役はちゃんと悪そうに見えるだろうか」など
と考えているうちに他人に見せると、改良点について意見を交わすことに
なります。次に何をすべきか、視聴者のアイデアと自分のアイデアを比較
するわけです。「〜〜していたらどうなるだろう」と話すうちに、視聴者は
小さい監督として意見を述べはじめ、皆さんは自分のアイデアを貫き
通すのが難しくなります。

自分なりに動画を完成させるまで待てば、選択肢はすっきりします。今の
動画を変えるか、変えないかの2つの道だけです。

Chapter 73

誰に作品を
見せるか

作品を見せる相手は2つのタイプに分けられます。これは2種類の人間関係と一致しています。

1つ目のタイプは、「もし〜なら」の関係です。あなたは魅力的だと感じた相手と仲良くなり、一緒の時間を持つようになります。時が経つにつれて、あなたは自分が変われば、相手はもっと自分のことを気に入るのだろうと思うようになります。**もし**友だち関係が違ったら、**もし**そんなに夜遅くまで外出しなければ、**もし**家にこもってばかりいなければ。**もしかしたら**、違う服を着ていたら、パーティーでそんなに大声で笑わなければ、きっともっと良く思われたのだろうといった具合です。

2つ目のタイプは、「ありのまま」の関係です。あなたが仲良くなった相手は、基本的にありのままのあなたを受け入れています。この相手とでは向上できないわけではありません。あなたが自分自身を向上させることに対して関心を持ってくれます。そしてその関心は、**あなたの**向上心を支えることに向かいます。あなたが体重が増えたことを気にしていたら、このタイプの友人は運動するように支援してくれます。あなたが重要なプレゼンを控え、神経質になっていると分かれば、服選びを手伝ってくれるでしょう。1人にしておいてほしいと思えば、そっと朝食を作ってくれる人です。

「ありのまま」の関係とはつまり、あなたがベストな自分に成長するために協力してくれる友人です。一方の「もし〜なら」の関係では、相手は基本的に、あなたが別の誰かになることを願っています。

動画の視聴者は、この2つのタイプに分類できます。「もし〜なら」の視聴者は、あなたのスケッチコメディの動画を観てもユーモアを理解しません。クォーターバックがラビだったら、舞台がバーではなくロッカールームだったら、ずっと面白いだろうと言ったりします。また、アヒルではなくてビキニに関するジョークなら、オチがもっと面白くなるとアドバイスするかも知れません。「もし〜なら」の視聴者があなたの動画を気に入るのは、別の動画になった時です。

あなたの動画を理解し、受け入れるタイプの視聴者は、まったく別のコメントをくれます。彼らはジョークを理解し、面白いと思ったとしても、「アヒルがバーテンダーに答えるまでに、ずいぶん時間がかかる理由は?」と尋ねます。あるいは「ミキサーの音がオチにかぶっている」と教えてくれたり、「ラビとアヒルが一緒にバーに入ってくるショットがあるとシーンの状況が分かりやすくなるけれど、そのショットは撮ってある?」と尋ねたりもします。「ありのまま」の視聴者は、問題を見つけ、それを解決する手助けをしてくれます。動画が可能な限り良くなるように、助けようとしてくれるのです。

> 「もし〜なら」の視聴者が
> あなたの動画を気に入るのは、
> 別の動画になった時です。

一生を共にする特別な1人がすぐには見つからないのと同じで、「もし〜なら」タイプのカエルと何度もキスを交わした後でないと、「ありのまま」タイプの王子に出会うことはできません。私自身、脚本について本当に役立つフィードバックを返してくれる10人を見つけるのに、何年もかかりました。この10人は親しい友人でも親戚でもありません。時間をかけて、試行錯誤を繰り返した結果です(私の兄は、私が求める読み手ではありません。でも、彼の妻はそうです)。私がしたいことを理解し、楽しんでフィードバックをしてくれるかどうか、それが私自身の成長につながるフィードバックかどうかを基準に集めた10人です。

レビュアーは、動画制作について何も知らなくてかまいません。自分がなぜそれを好きかを分かる人、評論の能力を自然に身に付けている人たちが理想です。そのような人なら、どう感じたかを簡単な理由と一緒に述べてくれます。私の知る範囲では、その能力がなく、スタジオを潰してしまったスタジオの重役たちがいます。反対に、それがうまいクルマの営業マンもいました。いろいろな人に動画を観せると、意外な人物から思慮深い感想や面白いアドバイスをもらって驚くことがあるでしょう。

誰かに動画を観せたら、もらったフィードバックに対してあなたがどう感じるかを考えましょう。ひらめきや新しいアイデアが溢れてくるようなら、その人は「ありのまま」の視聴者です。そのような人に出会えたら、大切にします。そう簡単に出会える人ではありません！ フィードバックに対して心から感謝の気持ちを伝えて、今後も快く動画を観てもらえるようにします。

反対に、自分が敗者のように感じるフィードバック、プロジェクト自体に疑問を抱くようなフィードバックなら、その人は「もし〜なら」の視聴者です。友人としては良いでしょう。結婚の相手としても問題ないかも知れません。でも、制作中の動画は二度と見せないでください。

Chapter 74

フィードバックの受け止め方

フィードバックは、次の2つを発見する目的で使うと、最も効果的です。それは、「傾向」と「優れたアイデア」です。ほかを気にしても、時間の無駄です。特に、作品をしっかり見てもらいたいという気持ちが強いと、悪いアドバイスを気にしすぎてしまいがちです。

同様のコメントを何度ももらうなら、それは傾向です。動画の同じような部分を問題だと思う人が複数いたら、よく耳を傾けましょう。おそらく、本当に問題があるのです。言葉にはよく注意しましょう。同じように感じていても、人によって言い方が違うものです。「地下鉄で、彼女が彼に言ったジョークの意味が分かりませんでした」「地下鉄のシーンは長いと思いました」「地下鉄に乗っていた女性を好きになれませんでした」これらのコメントはまったく同じではありません。しかし、コメントをくれた人は責任者でもなければ、監督でもありません。それは、あなたです。動画に潜む問題は、あなたが見つけるのです。このようなコメントをもらって、地下鉄のシーンを見直さないなら、それは重大な誤りです。

信頼できる視聴者3〜4人から否定的なコメントをもらったら、注意しましょう。

大きい声の1人、影響力のある視聴者があなたに意見を押し付けてきたとしても、その意見は傾向では**ありません**。その意見で自分の考えが揺らいだとしても、それはイチ視聴者の意見です。あなたがどう思うかの方が重要です。だって、あなたの動画です！

1人のコメントから得られるのは、アイデアです。よく知らない人からの「ねえ、こんな風にしたらどうかな?」が、私の作品を良くしてくれたのは、一度や二度ではありません。こうした提案を受ける機会はたくさんあるでしょうが、難しいのはどう対処するかです。まずは、もらったコメントをすべてリストにします。意見を言ってくれた相手に対しては、言いたいことがあってもグッとこらえます。「面白いアイデアですね、ありがとう!」と返す程度にしましょう。その場で相手のアイデアを取り入れると約束する必要はありません。あなたはアイデアを求めているのであって、作品への参加を依頼しているのではありません。

後で、リストを見返します。心が踊るようなアイデアがあれば、それを取り入れるかどうかを検討します。そうでないものは、ブレインストーミングのリストと同じく、アイデアの1つにすぎません。制作者は、あなたです。動画を良くするためのアイデアは、**あなたが**素晴らしいと思ったものだけが、素晴らしいのです。

信頼できる視聴者3〜4人から否定的なコメントをもらったら、注意しましょう。あなたの意図と視聴者の受け取り方に、何らかのズレがあるのです。修正しましょう。

傾向でないものは、1つのアイデアにすぎません。そのアイデアが気に入れば、取り入れます。気に入らなければ、使いません。

期待をコントロールする

現実を直視しましょう。中学3年生の娘がイタリア語の授業で作った動画を再生する時と、IMAXの3Dシアターに入る時とでは、期待する品質はまったく違います。

娘の動画は、もちろん、アマチュア作品です。5分間の短い動画で、撮影はiPhoneです。それにイタリア語なので、内容を理解できるとも期待していません。ひどいできでさえなければ、あなたは満足でしょう。いいなと思える瞬間が1〜2つあれば（そして画像が見やすく撮れていれば）、大満足です。

しかし、友人を誘って3D映画に行く時には、チケットを買い（特別料金に加えておかしな3Dメガネにも！）、1,000円以上払ってポップコーンセットも買います。照明が暗くなり、映画が始まって、映し出されたのが娘のイタリア語の授業で作った動画だったら、同じようには喜べませんよね？

どちらも、上映される動画はまったく同じです。違うのはあなたの期待だけです。つまり、動画体験の成否は、期待をコントロールできるかどうかにかかっているわけです。視聴者があなたに何を期待しているかを考え、その期待に応え、期待を上回る作品を届けましょう。

例を2つ紹介しましょう。ジェームズ・キャメロン監督と20世紀フォックスは、多額の資金を投入して「アバター」に対する視聴者の期待を大きく膨らませ、それを裏切らない作品を発表しました。「大きい期待をさらに上回る」＝「巨額の利益」です。もし映画がつまらなかったら、観客は激怒していたでしょう。それに、期待をあおる宣伝がない場合よりも、急速に客足が遠のいたはずです。

反対に、ネット靴店のザッポスは、ある意味、期待の度合いを下げることで企業イメージを確立する戦略をとりました。Web動画は一般社員の手作りで、登場するのも社員です。笑顔にさせてくれる動画を観ると、得した気分になります。一切お金を払っていないし、期待もしていなかったのに、たっぷり楽しませてもらえるからです。「低い期待を上回る」＝「高額買収」（ザッポス社は高い評価額でアマゾン・ドットコムに買収されました）です。

動画から何を得られると感じるかで、期待値が決まります。つまり内容と、他人にどう宣伝（説明）するかです。プロの俳優を雇い、イギリスの城で撮影した雄大な3分間の映像と、Webカメラの前でメイクについて話す女子高生の動画とでは、期待値は1フレーム目からまったく異なります。「プロ」の動画というだけで、アマチュアよりも期待値が高いのです。動画が長ければ長いほど、その時間に見合う品質が求められます。

期待をあおると、期待値は高まります（逆に低予算を売りにすれば、期待が下がります）。成功したインディーズ映画は多数ありますが、「パラノーマル・アクティビティ」もその1つです。伝え聞くところによると、制作費は7,000ドル、総収入は1億ドルに達したとのこと。YouTube動画なら、うまいタイトルで視聴者を引き付けられる可能性があります。でも、ビーチで水着が外れるセクシーな場面だと思って再生したのに、発泡スチールのクーラーボックスの宣伝が始まれば、がっかりするだけです。

視聴者の期待を上回るには、常に手抜きなしで作るのが一番です。ぜひ実行してください。しかし、それで終わりではありません。想定以上の期待をあおりません。期待値をコントロールしさえすれば、期待外れで失望させることもないのです。

Chapter 75

動画は完成せず、ただ世に出るだけ

いつまでも編集し、調整し、磨きをかけることはできます。しかし、幸いにも締め切りが存在します。作業日程が決まっていたり、動画を使うイベントが決まっていたり、納品を待つクライアントがいるなら、あなたはラッキーです。締め切りがあるのですから。最後の瞬間まで頑張ったら、納品します。

特に決まった期日がないと、難しいことになります。プロジェクトから離れられずに、もっと良くしようと、延々と作業を続けてしまいます。時に、心の底の恐怖心が作業を止めさせないこともあります。ほかの人に見せて評価されることへの恐怖です。

動画の撮影スキルを上達させたいなら、手を止めましょう。経験は最高の教師です。**タイタニック号**のデッキチェア（あるいは太平洋に面した中庭に置いた豪華な寝椅子）をきちんと並べたところで、大した経験にはなりません。

最も貴重な資源は時間です。1つの動画にこだわって時間を無駄使いするのはやめて、次のプロジェクトから新しいことを学びましょう。

Chapter 76

アートか否か?

上達のための秘訣をいくつか教えましょう。自分自身の考えを貫くこと、知性を最大限に発揮すること、そして実践することです。

動画を作る時は、何を撮るかを自分で**決められます**。選択権があるだけでなく、**決めなくてはならない**のです。撮影とは、選択の連続です。［スタート］ボタンを押すのは今か? カメラをどこに向けるか? ピンクのシャツを着た男性にズームインすべきか? あなたにしか分かりません。撮影しているのも、被写体を見ているのもあなた。自分が良いと思ったら、それをするだけです。リスクも、賞賛も、すべてあなたのものです。

自分を信じましょう。あなたには、優れた動画を作る力が十分にあります。そのための資質はすでに備わっています。

自分を信じましょう。あなたには、優れた動画を作る力が十分にあります。そのための資質はすでに備わっています。すべきこと、すべきでないことが、分かっています。プロジェクトを企画し、視聴者に披露するところまで、順番に学んできました。最後は、あなた自身の世界観に自信を持つ番です。実践を重ねれば、もっとたくさんの人に観てもらえるようになります。

これらをすべてしていれば、あなたが作っているのは、アートです。

自分はアーティストだと、声を大にして言う必要はありません。淡々と制作に取り組みましょう。まずは、私の定義を理解してください。

アートとは、自分なりの真実を見つけ、それを他者と共有することです。または、こうも言えます（こちらの表現の方が好みです）。アートとは、自分の「はらわた」を引っぱり出し、テーブルの上に置いて誰もが見られるようにする行為です。

アーティストとして生きるには、「これが私の作品です」「これが私の真実です」「これが私の最大限の努力です」と、進んで言えなくてはなりません。どう撮影するか、どう編集するか、「アップロード」ボタンをいつ押すかなど、1つひとつ、自分が正しいと思う選択をすることが、動画に込めた真実を明らかにすることにつながります。

しかし、真実をさらすのは恐ろしくもあります。そうするには、自分なりの真実と向き合わなくてはならないからです。自分の考えには価値があり、共有する値打ちがあると信じる必要があります。恐怖を克服しましょう。それこそが、アートです。自分の文章は読む価値があると信じている肝の据わった小説家。キャンバスとアクリル絵の具で創作する画家。映画を制作する監督。どれも違いはありません。自らの内側から真実を引っ張り出し、それを観衆の前に差し出せば、それはアートです。

アートは非常にユニークで、無私無欲であり、自己中心的でもあります。あなたの経験と真実とに照らし合わせながら、視聴者は自らの経験や真実を見るわけです。これは、無私無欲の分かち合いの行為です。「私の考えには、言う価値があります。それを伝えますよ」と言い切るのは、自己中心的な行為です。アーティストは、**自分にとっての**真実、つまり**自分が**これまでにしてきた選択を見せるのです。自らの選択で撮影したなら、それは**あなたの**ショットです。

ベンジャミンの成人のお祝いを何も考えずに撮影したら、その動画は「アート」ではありません。しかし、事前に場所を下調べし、ショットリストを作成し、真のストーリーは何かと考えたならどうでしょうか。自身の考えを込め、それを人に見せる行為をするなら、その人は紛れもなくアーティストです。

Chapter 77

おわりに

本書で述べてきたのはすべて、私からのアドバイスです。アドバイスが的を
射ているかどうかを判断する「公式動画アドバイス審査会」など、存在
しません。取り入れるかどうかは、皆さんの自由です。

いつか、私のアドバイスに同意しなくなる日が来るでしょう。でも、その前
に一度はアドバイスに従ってみてください。自分には合わないと感じたら、
喜んでください！

動画についてそれほど考えていなかった人が、私の意見に異議を唱える
ほど考えるように変化したわけです。

本書を読み、考え、試し、そして自分なりの選択ができるようになれば、
皆さんにとって、そして私にとっても幸いです。

自前の
動画大学院

もちろん、立派な大学院に入学し、学費を払って勉強するのも1つの方法です。しかし、忙しかったり、年を取りすぎていたり、若すぎたり、それほどの熱意がなかったり、金銭的に余裕がない場合には、独学で映画や動画作りを学べます。そう難しいことではありません。

傑作とされる映画を鑑賞しましょう。映画（および動画）を語る言語が発明されたのは、映画業界です。動画がどのように作用するか、その仕組みに関する知識の多くは映画から来ています。映画で生まれたアイデアが、動画でも用いられるようになっているのです。

また、私の Web サイト
（www.stevestockman.com、英語）にも役立つ資料を掲載しました。本書に書いた法則に関する動画、テクニックの例、新情報、素晴らしい動画サンプルなどです。私のブログにいただいた質問には回答します。**皆さんの動画の批評**もしますよ。

自前の動画大学院：シラバス

優れた教えを、業界最高から学べます。以下に挙げるのは、世界に名をはせた監督、脚本家、俳優によって作られた映画です。

このリストは、私の傑作選です。有名な作品ばかりなので、簡単に見つかるでしょう。映画および動画の継続的な発展に、大きく貢献した作品です。鑑賞した後はウィキペディアで作品を調べ、制作の舞台裏をチェックしましょう。その映画を気に入って DVD や Blu-ray を購入した場合には、収録されている解説も観てください。

モノクロ映画が好きでない人もいるでしょうが、何とかその苦手意識を克服してください。このリストのモノクロ映画には、テンポのない、退屈な、芸術気取りの作品は含まれていません。サイレント映画も同じことです。中には「トランスフォーマー」よりちょっぴりテンポが遅い作品もあります。でも、いいですか、これは教材です。

リストは公開年順になっていますが、鑑賞するのは好きな作品からでかまいません。

「キートンの探偵学入門」（原題：Sherlock Jr.、1924年）：コメディシーンに手の込んだ特殊効果が使われています。おそらくほかの作品で見たことがあるでしょうが、それを一番最初に行ったのは、バスター・キートンです。

「黄金狂時代」（原題：The Gold Rush、1925年）：言わずと知れた、チャールズ・チャップリン映画。彼が演じるところを見たことがない方は、ぜひご覧ください。

「フランケンシュタイン」（原題：Frankenstein、1931年）：今なお引き継がれる、ホラー映画の定番は、この映画が原点です。そして、モンスターの古典でもあります。

「御冗談でショ」（原題：Horse Feathers、1932年）：マルクス兄弟は当時、世の中をあっと言わせました。今でも見ごたえがあります。反権力のドタバタコメディ。

「オペラは踊る」（原題：A Night at the Opera、1935年）：これもマルクス兄弟の傑作映画。「我輩はカモである」（原題：Duck Soup）と肩を並べる秀作です。

「有頂天時代」（原題：Swing Time、1936年）：フレッド・アステアとジンジャー・ロジャースが、大恐慌時代に、エレガンスとダンスの手本を示しました。2人のダンスは、ダンシング・ウィズ・ザ・スターズの出演者をはるかに凌駕します。

「モダン・タイムス」（原題：Modern Times、1936年）：チャップリン最後のサイレント映画。トーキーが登場した後にもかかわらず、彼がサイレント映画にこだわった理由は、観れば分かります。

「オズの魔法使」（原題：The Wizard of Oz、1939年）：1970年より前に生まれた人は、おそらくこの映画を観たことがあるでしょう。記憶になければ、（もう一度）観てください。当時、時代を先取りしていたこの映画は、素晴らしいエフェクト、歌、パフォーマンス、構成で、今なお古さを感じません。

「ヒズ・ガール・フライデー」（原題：His Girl Friday、1940年）：ハワード・ホークス監督、ケーリー・グラントとロザリンド・ラッセル主演のテンポの良いコメディです。

「市民ケーン」（原題：Citizen Kane、1941年）：時系列を入れ替えた構成、さまざまな撮影手法がはじめて使われた作品です。

「サリヴァンの旅」（原題：Sullivan's Travels、1941年）：これもスタージェスの作品。本作ではうぬぼれた監督を描き出しました。

「レディ・イヴ」（原題：The Lady Eve、1941年）：プレストン・スタージェスが脚本・監督を務めた、文句なしのスクリューボール・コメディです。

「カサブランカ」（原題：Casablanca、1942年）：ハンフリー・ボガートの代名詞ともいえる作品。ストーリー構成も見事です。

「ヤンキー・ドゥードゥル・ダンディ」（原題：Yankee Doodle Dandy、1942年）：テンポが速く、面白いミュージカル映画。20世紀のアメリカの戦争高揚の時代にタイムトラベルしたような気分になります。

「深夜の告白」（原題：Double Indemnity、1944年）：ビリー・ワイルダーによる、この見事なサスペンス映画は、フィルム・ノワールの実質的な発明でした。現代の監督たちも、今なお強く影響されています。

「汚名」（原題：Notorious、1946年）：アルフレッド・ヒッチコックのスパイサスペンス映画。ロマンチックで美しい映像と、イングリッド・バーグマンが見どころ。

「素晴らしき哉、人生！」（原題：It's a Wonderful Life、1946年）：テレビ放映で観た人もいるでしょうが、コマーシャル抜きで一度は観たい作品です。思っているよりもずっと重い作品です。

「アダム氏とマダム」（原題：Adam's Rib、1949年）：キャサリン・ヘプバーンとスペンサー・トレイシーが主演した、コメディ映画の代表作。

「サンセット大通り」（原題：Sunset Boulevard、1950年）：これもビリー・ワイルダーの監督作品。死体で発見された人物による語りで映画が始まります。本作を観たことがない人も、耳にしたことのあるセリフがたくさんあるはずです。

「雨に唄えば」（原題：Singin' in the Rain、1952年）：ジーン・ケリー、ドナルド・オコナー、デビー・レイノルズ出演作品。史上最高の実写ミュージカル映画2本のうちの1本です。ハリウッド映画を舞台にしたことが、大ヒットの一因です。

「十戒」（原題：The Ten Commandments、1956年）：セシル・B・デミルは当時のジェームズ・キャメロンでした。彼の監督作品の中で、最も野心的な映画です。

「めまい」（原題：Vertigo、1958年）：私にとっては、ヒッチコックの最高傑作です。

「お熱いのがお好き」（原題：Some Like It Hot、1959年）：これもビリー・ワイルダーの監督作品。コメディとしても、マリリン・モンローの代表作としても観る価値があります。

「北北西に進路を取れ」（原題：North by Northwest、1959年）：私にとっては、ヒッチコックの最も楽しい作品です。

「サイコ」（原題：Psycho、1960年）：私にとっては、ヒッチコックの最も怖い映画です。

「ウエスト・サイド物語」（原題：West Side Story、1961 年）：既存のストーリーをまったく別の作品に作り替えた、素晴らしい例。ストーリーは、シェイクスピアの「ロミオとジュリエット」に基づいています。

「アラビアのロレンス」（原題：Lawrence of Arabia、1962 年）：辞書で「epic（叙事詩）」と調べると、この作品のスチル写真が出てきます。ぜひ HD 版を大画面でご覧ください。当時は、CG はありません。登場人物はすべて、本物です。

「リバティ・バランスを射った男」（原題：The Man Who Shot Liberty Valance、1962 年）：ストーリーの持つ力と、真の英雄は誰かを示した作品。ジョン・ウェインとジェームズ・ステュアートの名演技も見どころです。

「メリー・ポピンズ」（原題：Mary Poppins、1964 年）：史上最高の実写ミュージカル映画が 2 つあると言いましたが、2 本目がこの映画です。

「卒業」（原題：The Graduate、1967 年）：マイク・ニコルズ監督がどこにカメラを配置しているのかを考えながら、本作を鑑賞してください。どのショットも、意外なところから撮影しています。

「明日に向って撃て！」（原題：Butch Cassidy and the Sundance Kid、1969 年）：この映画の真のスターは、ウィリアム・ゴールドマンの脚本です。しかしポール・ニューマンとロバート・レッドフォードの魅力には抗えません。

「ラスト・ショー」（原題：The Last Picture Show、1971 年）：ピーター・ボグダノヴィッチはなぜ 1970 年代にモノクロ映画を作ったのでしょうか？ 過去の思い出を表現するためです。

「ゴッドファーザー」（原題：The Godfather、1972 年）：（本書を読んでも分からなかった人のために。）私にとっての最高傑作は、「ゴッドファーザー」に間違いありません。本格かつ正統な手法で制作された、非の打ちどころのない作品です。

「ペーパー・ムーン」（原題：Paper Moon、1973 年）：これも、ピーター・ボグダノヴィッチ監督による、過去をテーマにしたモノクロ作品です。

「カンバセーション…盗聴…」（原題：The Conversation、1974 年）：「ゴッドファーザー」の監督による知性派映画。主演のジーン・ハックマンが素晴らしい演技を見せてくれます。

「ゴッドファーザー PART II」（原題：The Godfather Part II、1974 年）：1 作目に引けをとらない、大好きな作品です。無秩序で、悲劇的。ちなみに PART III は、このリストにありません。

「ヤング・フランケンシュタイン」（原題：Young Frankenstein、1974 年）：メル・ブルックスの絶頂期の作品。パロディ映画のお手本のような作品です。

「ジョーズ」（原題：Jaws、1975 年）：スティーヴン・スピルバーグによる、初期の大ヒット作。この作品から、ブロックバスターという言葉が使われました。

「ナッシュビル」（原題：Nashville、1975 年）：ロバート・アルトマンらしさ全開の作品。複数のストーリーが同時進行し、展開が読めない構成です。

「タクシードライバー」（原題：Taxi Driver、1976 年）：マーティン・スコセッシ監督、ロバート・デ・ニーロと若いジョディ・フォスターが演じた、救済としての暴力という悲惨なストーリーです。スコセッシ監督は本作で、蒸気が立ち昇るようなニューヨークの湿った通りを再現する方法を発明しました。

「アニー・ホール」（原題：Annie Hall、1977 年）：ウディ・アレンの最高傑作。

「スター・ウォーズ エピソード 4/ 新たなる希望」（原題：Star Wars：Episode IV A New Hope、1977 年）：新しいユニバースを作りあげた作品。それを成し遂げるのは、並大抵のことではありません。

「アニマル・ハウス」（原題：National Lampoon's Animal House、1978 年）：「ハングオーバー！」（原題：The Hangover）をはじめとする、キツイ悪ふざけの R 指定映画の先駆けです。

「ディア・ハンター」（原題：The Deer Hunter、1978 年）：若いメリル・ストリープが大役に抜擢され、見事に演じています。強大な権力による支配が象徴的に描かれています。

「地獄の黙示録」（原題：Apocalypse Now、1979 年）：壮大さ。汗。いつ観ても圧巻です。

「マンハッタン」（原題：Manhattan、1979 年）：ウディ・アレンの作品の中では 2 番目のできで、最も美しい映像の作品。「ゴッドファーザー」と「ゴッドファーザー PART II」の撮影を手掛けたゴードン・ウィリスが、驚異的な撮影手腕を発揮しています。

「スター・ウォーズ エピソード 5/ 帝国の逆襲」（原題：Star Wars: Episode V The Empire Strikes Back、1980 年）：エピソード 1 〜 6 までの「スター・ウォーズ」シリーズのうち、最高の作品。ゴードン・ウィリスは本作には参加していません。

「スタントマン」（原題：The Stunt Man、1980 年）：この映画を観ていると、何度も何度も騙されそうになります。いえ、実際に騙されます。それが面白いのです。

「フライングハイ」（原題：Airplane!、1980 年）：この爆笑パロディ映画は、すべてのパロディの先駆けで、本作を超えるものはまだ作られていません。

「レイジング・ブル」（原題：Raging Bull、1980 年）：本作もスコセッシ監督、ロバート・デ・ニーロ主演の映画。これほど好感の持てないヒーローは、ほかにいません。

「狼男アメリカン」（原題：An American Werewolf in London、1981 年）：ユーモア、ホラー、流血が融合した作品。

「白いドレスの女」（原題：Body Heat、1981 年）：「深夜の告白」（原題：Double Indemnity）を下敷きに制作され、よりスリリングで重苦しい作品。演技は素晴らしく、中でもキャスリーン・ターナーは映画史に残る演技を披露しました。

「レイダース / 失われたアーク《聖櫃》」（原題：Raiders of the Lost Ark、1981 年）：誰もが知る名作。

「E.T.」（原題：E.T.: The Extra-Terrestrial、1982 年）：観客は、操り人形に感動させられます。それは、脚本と監督が優れている証拠です。

「ブレードランナー」（原題：Blade Runner、1982 年）：未来を舞台に繰り広げられる探偵映画。以降の SF 映画のルックに大きく影響しています。

「ストップ・メイキング・センス」（原題：Stop Making Sense、1984 年）：トーキング・ヘッズの絶頂期をとらえた、コンサート映画の最高峰です。監督のジョナサン・デミが、観客のショットに何回カットしているか、数えてください（ヒント：一度もない）。

「スパイナル・タップ」（原題：This Is Spinal Tap、1984 年）：モキュメンタリーの母とも呼べる映画。何年たっても色あせない名作です。

「ワンス・アポン・ア・タイム・イン・アメリカ」（原題：Once Upon a Time in America、1984 年）：セルジオ・レオーネは、西部劇（「ウエスタン」（原題：Once Upon a Time in the West）、「続・夕陽のガンマン」（原題：The Good, the Bad, and the Ugly）の監督として語られています。しかしこの作品は、「ゴッドファーザー」をまとめて再編集した「ゴッドファーザーテレビ完全版」（原題：The Godfather Epic）のようなものです。ぜひ、ノーカットの劇場公開版をご覧ください。

「ザ・フライ」（原題：The Fly、1986 年）：遺伝子レベルでハエと融合した男の、おぞましくも滑稽な悲劇を描いた作品。鑑賞後に、会食の約束は入れないでください。

「ヒドゥン」（原題：The Hidden、1987 年）：このカルトホラー SF 映画のオープニングシーンには、通常の映画 90 分間の総エネルギーを超えるエネルギーが詰まっています。

「プリンセス・ブライド・ストーリー」（原題：The Princess Bride、1987 年）：大人もまるごと楽しめる、必見のファミリー映画。アクション、キャラクター、コメディ、どれをとっても素晴らしい作品です。

「ダイ・ハード」（原題：Die Hard、1988 年）：はじめてのハイパーリアルアクション映画。これ以前の作品に比べると、衝突はより衝撃的に、暴力はより痛みを伴って描写されています。

「恋人たちの予感」（原題：When Harry Met Sally . . .、1989 年）：ロマンチックコメディの傑作。

「セックスと嘘とビデオテープ」（原題：sex, lies, and videotape、1989 年）：この低予算の知性派インデペンデント映画は、後に続くすべての作品の基準になりました。

「シザーハンズ」（原題：Edward Scissorhands、1990 年）：ティム・バートン監督の代表作。彫刻の得意な人造人間は、若きジョニー・デップが演じています。

「美女と野獣」（原題：Beauty and the Beast、1991 年）：アニメーション映画史上、最高のミュージカル映画。

「羊たちの沈黙」（原題：The Silence of the Lambs、1991 年）：この映画を観る時は、ジョナサン・デミのカメラワークに注目してください。彼は超クローズアップを 1 つの芸術形式へと発展させました。すさまじく恐ろしい作品でもあります。

「ザ・プレイヤー」（原題：The Player、1992 年）：すべてが好きな映画ですが、特に観てもらいたいのはオープニングショットです。10 分間続きます。

「許されざる者」（原題：Unforgiven、1992 年）：クリント・イーストウッドが監督・主演した、珠玉のモダン西部劇。

「パルプ・フィクション」（原題：Pulp Fiction、1994 年）：クエンティン・タランティーノによる監督 2 作目。象徴的な俳優たち、斬新なストーリー構成で、手放しで楽しめます。

「トイ・ストーリー」（原題：Toy Story、1995 年）：Pixar による感動のアニメーション映画。傑作です。

「トゥルーマン・ショー」（原題：The Truman Show、1998 年）：ピーター・ウィアー監督のもと、人生すべてをメディアにさらされた男をジム・キャリーが演じています。

「シックス・センス」（原題：The Sixth Sense、1999 年）：腰が抜けるほど怖いだけでなく、感動も与えてくれる知性派ホラー映画と言えば、これです。驚きの結末をご存知でも、ぜひ観てほしい作品です。

「マトリックス」（原題：The Matrix、1999 年）：頭をひねりながら楽しむ映画はめったにありませんが、本作がその 1 つです。続編はお勧めしません。

「グリーン・デスティニー」（原題：Crouching Tiger, Hidden Dragon、2000 年）：本物の香港カンフー映画を観たことがない方は、この作品から入ってください。その次に、ジャッキー・チェンの「酔拳 2」（原題：Drunken Master II、1994 年）を観ることをお勧めします。

「ゴスフォード・パーク」（原題：Gosford Park、2001 年）：ミステリーでもあり、英国の階級社会を舞台にしたドラマでもあります。

「千と千尋の神隠し」（2001 年）：「オズの魔法使」に似たところのある、宮崎駿監督の奇想天外なアニメ映画。それまでに作られたどんな映画とも違います。宮崎監督の作品は、1 本は観てもらいたいのですが（ほかにも素晴らしい作品がたくさんあります）、最初にお勧めしたいのが本作です。

ロード・オブ・ザ・リング三部作（2001–2003 年）：壮大で手の込んだ、見ごたえのある作品。

「キル・ビル Vol.1」（原題：Kill Bill: Vol. 1、2003 年）および「キル・ビル Vol.2」（原題：Kill Bill: Vol. 2、2004 年）：これらもタランティーノ監督作品。女性のアクションヒーローはもっと登場してもよいのではないでしょうか？ 今のトレンドですよね。

「ベルヴィル・ランデブー」（原題：The Triplets of Belleville、2003 年）：私は他者の目を通して物事を見られる映画や動画が大好きです。このフランスのアニメーション映画は、奇妙極まりない日本のアニメと同じくらい不思議な作品ですが、似たところはありません。全編で 2 語しか使われないため、言葉の心配も無用です。

「Mr. インクレディブル」（原題：The Incredibles、2004 年）：ヒーローとは何かを考えさせられる作品。優れた脚本、素晴らしいキャラクターのアニメーション作品。

「スパイダーマン 2」（原題：Spider-Man 2、2004 年）：非の打ちどころのない、スーパーヒーロー映画。旧世代のほぼ完璧なスーパーヒーロー映画である「スーパーマン II」（原題：Superman II、1980 年）のアイデアを基に、非常によくできた作品です。

「ボーン・スプレマシー」（原題：The Bourne Supremacy、2004 年）：ボーンシリーズの 2 作目にして最高傑作。その後の映画に大きく影響を与えた、ポール・グリーングラス監督の超絶編集テクニックによって生み出された、衝撃的なアクションシーンをご覧ください。

「パンズ・ラビリンス」（原題：Pan's Labyrinth、2006 年）：独特の視点を持つ監督による作品。最初のフレームから、ギレルモ・デル・トロの世界が広がります。

「ラスト・トゥー・ウィークス」（原題：Two Weeks、2007 年）：ほかの名作に比べると、映画史で語られることは多くはないでしょう。この作品をリストに含めたのは、本作が私の映画教育に大きく影響したからです。あえて言うなら、アカデミー賞を 2 度受賞したサリー・フィールドの素晴らしい演技が見どころです。

「レミーのおいしいレストラン」（原題：Ratatouille、2007 年）：ネズミをアーティストとして表現した作品。繊細で、美しく、魅力的なキャラクターが登場します。

「スラムドッグ＄ミリオネア」（原題：Slumdog Millionaire、2008 年）：色使いに注目です。西洋人がかつて見たことのない世界に引き込まれます。

「アバター」（原題：Avatar、2009 年）：「期待をコントロールする」のセクションで紹介しました。男性はアクションと 3D を期待し、女性はラブストーリーとして鑑賞します。どちらも正解です（キャメロン監督の旧作「タイタニック」（原題：Titanic）も同じです）。

「イングロリアス・バスターズ」（原題：Inglourious Basterds、2009 年）：映画の力、暴力、前向き思考。

「インフォーマント！」（原題：The Informant!、2009 年）：頼りない、いけ好かないヒーローが必死に映画を支えます。

「カールじいさんの空飛ぶ家」（原題：UP、2009 年）：オープニングの 15 分に人生が凝縮されています。うち 5 分はせりふが無く、次々に切り替わる短い映像が涙を誘います。

「第 9 地区」（原題：District 9、2009 年）：重苦しい、現代の SF 映画。アニメーションのキャラクターと実写の人間のやり取りが、現実味をもって描かれます。

「ドライヴ」（原題：Drive、2011 年）：ニコラス・ウィンディング・レフン監督は、21 世紀のフィルム・ノワール作家です。バックストーリーなし、説明なし。強烈なアクションと運命に呪われたヒーローがいるだけです。

「ゼロ・ダーク・サーティ」（原題：Zero Dark Thirty、2012 年）：謎解きだけでなく、結果までの道筋がはっきりしない何らかのできごとのいきさつを明らかにすることも、サスペンス映画になることを証明した作品。

「ハッシュパピー ～バスタブ島の少女～」（原題：Beasts of the Southern Wild、2012 年）：6 歳の少女の視点を通して語られる、ミシシッピ川下流の島での貧困とハリケーンの世界。ごく稀にしか作られない、生粋の「マジカルリアリズム」ジャンルの作品です。

「ライフ・オブ・パイ／トラと漂流した 227 日」（原題：Life of Pi、2012 年）：3D 映画ベストスリーのうちの 1 本です（すべてが巨匠作品。残りは、スコセッシ監督の「ヒューゴの不思議な発明」（原題：Hugo）とキャメロン監督の「アバター」（原題：Avatar））。アン・リーは、3D をストーリーの一部として扱いました。たいていの 3D 作品は、できあがった作品にペンキを上塗りしたようなものです。

「ゼロ・グラビティ」(原題:Gravity、2013 年):プロットは B 級、制作は A++ 級です。自分も地球の周りを回っているように思えてきます。

「6 才のボクが、大人になるまで。」(原題:Boyhood、2014 年):12 年以上かけて撮影するという、リチャード・リンクレイターの思い切ったアイデアが生み出した作品。メイクアップで俳優の年齢を表現するのとは、まったく異なる印象です（デジタル加工はさらにひどい!）。アカデミーの作品賞はノミネートにとどまりました。

「マッドマックス　怒りのデス・ロード」(原題:Mad Max: Fury Road、2015 年):三分割法は忘れ、スクリーン中央に映し出されるカーチェイスを楽しみましょう。この映画では、効果絶大です。この映画の撮影時、監督が 68 歳だったことも付け加えておきます。

「KUBO ／クボ　二本の弦の秘密」(原題:Kubo and the Two Strings、2016 年):最高に美しいストップモーションアニメーション映画です。

「メッセージ」(原題:Arrival、2016 年):鑑賞者を引き付けるために、プロットではなく、アイデアを使った作品。ヒット作に欠かせない SF の常套表現をすべて省略しながらも、SF 映画らしさを感じさせる映画です。

「O.J.: Made in America」(英語のみ、2016 年):このドキュメンタリーは、映画館では 467 分間のフル上映が行われました。ご自宅では途中停止しながら観られます。ぜひそうしてください。

映画および動画関連の文献リスト

以下の書籍を一気に読む必要は、ありません。気になる本をベッドサイドやバスルームに置いて、気が向いた時につまみ読みしてください。内容についてクイズを出したりしませんから、ご安心ください。

ストーリー関連

「ストーリー ロバート・マッキーが教える物語の基本と原則」(原題:Story) ロバート・マッキー　Robert McKee

「Secrets of Film Writing」トム・ラザロー　Tom Lazarus

「Three Uses of the Knife」デヴィッド・マメット　David Mamet

「Characters and Viewpoint」オースン・スコット・カード　Orson Scott Card

また、脚本をぜひ読んでください。実際に作品になった脚本をたくさん読むと、映画や動画でストーリーを効果的に伝える方法が分かってきます。オンラインでダウンロードできる脚本もたくさんありますし、書店でも手に入ります。

映画および動画制作関連

「The Annotated Godfather」ジェニー・M・ジョーンズ Jenny M. Jones（フランシス・フォード・コッポラとマリオ・プーゾによる脚本完全版を収録）

「On Directing Film」デヴィッド・マメット　David Mamet

「Producing Great Sound for Film and Video」ジェイ・ローズ　Jay Rose（私の友人ジェイの著書で、現在は第 3 版）

「The Conversations: Walter Murch and the Art of Editing Film」マイケル・オンダーチェ　Michael Ondaatje

ハリウッドでの生き方関連

「Adventures in the Screen Trade」ウィリアム・ゴールドマン　William Goldman

「Conversations with the Great Moviemakers of Hollywood's Golden Age」ジョージ・スティーヴンス・Jr　George Stevens Jr.

クリエイティヴィティ関連の良書

「クリエイティブな習慣—右脳を鍛える 32 のエクササイズ」(原題:The Creative Habit) トワイラ・サープ　Twyla Tharp

「やりとげる力」(原題:The War of Art) スティーヴン・プレスフィールド　Steven Pressfield

「チャンスを広げる思考トレーニング」(原題:The Art of Possibility) ロザモンド・ストーン・ザンダーおよびベンジャミン・ザンダー　Rosamund Stone Zander and Benjamin Zander

リンク

www.stevestockman.com では、素晴らしい動画を紹介し、リンクを掲載しています。URL は時とともに変わります。メンテナンスしようと努力してはいますが、リンク元がなくなっている場合にはご容赦ください。

著者について

スティーヴ・ストックマンは、ロサンゼルスの Custom Productions, Inc の創立者です。プロデューサー、作家、監督として活躍し、何百本ものコマーシャル、いくつもの短編映画、Web シリーズ、ミュージック動画、TV 番組を手掛けてきました。脚本、製作、監督を務めた、MGM の長編映画「ラスト・トゥー・ウィークス」(Two Weeks、2007 年) では、受賞もしています。

スティーヴのブログは、www.stevestockman.com でご覧いただけます。講演またはワークショップの依頼は、同 Web サイトをご覧になるか、info@stevestockman.com まで連絡をください。

本書は、スティーヴのはじめての著作です。読者が、本書から何かを得てくれることを心から願っています。

映画監督が教える **また観たい！**と思わせる**動画の法則**

2020年 2月25日　初版第1刷発行

著　　　者	スティーヴ・ストックマン	
発　行　人	村上 徹	
翻　　　訳	株式会社 Bスプラウト	
編　　　集	平谷 早苗	
発　　　行	株式会社 ボーンデジタル	

〒102‐0074
東京都千代田区九段南 1‐5‐5
九段サウスサイドスクエア
Tel:03‐5215‐8671　　Fax:03‐5215‐8667
www.borndigital.co.jp/book/
E‐mail:info@borndigital.co.jp

レイアウト	辛島 美和・中江 亜紀(株式会社 Bスプラウト)
カバーイラスト	門野 葉一
印刷・製本	株式会社 東京印書館

ISBN:978‐4‐86246‐470‐5
Printed in Japan